kernig

liebevoll
& kernig 2

liebevoll
& kernig 2

Christa Lieb
Wolfgang Kern

Ludwigsburger
Stadtgeschichten
aus dem 19. Jahrhundert

Christa Lieb.
Wolfgang Kern.
liebevoll und kernig 2.

Herausgegeben von der
Ludwigsburger Kreiszeitung.

Satz, Druck und Verlag:
Ungeheuer + Ulmer KG GmbH+Co.
Verlag. Druckerei. Plakatinstitut. Ludwigsburg.

Geschichten: Christa Lieb.
Illustrationen: Wolfgang Kern.
Gestaltung: Valentin Köpke.
Umschlag,
Vor- und Nachsatz: Wolfgang Kern.
Gedruckt auf Infinity-Silk-Papier.

© 2019. Verlag Ungeheuer + Ulmer KG GmbH + Co.
Körnerstraße 14–18, 71634 Ludwigsburg.
Telefon (07141) 130-0.

ISBN 978-3-946061-32-8

Inhalt

Christa Lieb
ist leidenschaftlich an historischen
Begebenheiten interessiert.

Dabei sind es die frühen Ausgaben
des Ludwigsburger Tagblatts,
der heutigen Ludwigsburger Kreiszeitung,
die den Stoff liefern.

Geschichten, Begebenheiten, Anekdoten –
das Leben hat sie geschrieben,
die Zeitung hat berichtet,
und die Autorin hat dies alles aufgefunden
und schreibend nacherzählt.

Wolfgang Kern
Maler und Grafiker,
stammt von des Neckars Quelle,
künstlerisch vielfach unterwegs,
aber in Ludwigsburg daheim.

Doch nicht zuletzt vom Stoff
der Ludwigsburger Geschichten
und der Leidenschaft der Autorin infiziert.

So gehen die Bilder am Wort entlang.
Gezeichnet setzen sie die Berichte in Szene.

Flott im Strich und illustrativ
mit leichter Hand in Farbe getaucht,
wird so ein Ludwigsburger
Bilderbogen ausgearbeitet.

Vorwort

Das erste Kaufhaus, die Anfänge des Sports oder der Bau der Ludwigsburger Synagoge: Das 19. Jahrhundert hat die Stadt Ludwigsburg geprägt und ihr Gesicht für immer verändert. Viele Probleme, mit denen wir heute noch zu kämpfen haben, beschäftigten die Menschen schon damals. Der Staub auf den Straßen, die vielen Hunde und ihre Hinterlassenschaften oder der ewige Ärger mit frechen oder gar kriminellen Jugendlichen.

Viele der Geschichten und Themen aus dem 19. Jahrhundert sind heute allerdings in Vergessenheit geraten. Das Alltagsleben der Menschen, ihre Sorgen und Nöte, aber auch die politischen Diskussionen im damaligen Ludwigsburg kennt keiner mehr.

Christa Lieb ist es zu verdanken, dass all diese Geschichten heute wieder ein Thema sind. Ab dem Sommer 2014 hat die Autorin die historischen Bände der Ludwigsburger Kreiszeitung aus dem 19. Jahrhundert durchgearbeitet. Ausgabe für Ausgabe, Seite für Seite. Daraus ist die Zeitungsserie „Ludwigsburger Stadtgeschichten aus dem 19. Jahrhundert" entstanden, die zum 200. Geburtstag der Ludwigsburger Kreiszeitung im Jahr 2018 veröffentlicht wurde. Im Sommer 2019 folgte eine weitere Zeitungsserie über die Anfänge des Ludwigsburger Sports. Bei den Texten wurde nichts dazuerfunden oder hinzugedichtet. Einzige Quelle für all diese Geschichten sind die historischen Ausgaben der Zeitung.

Auch in diesem zweiten Band von „liebevoll & kernig" ist wieder eine besondere Auswahl der interessantesten Stadtgeschichten versammelt worden. Der Blick, den sie auf die Stadt und ihre Bewohner vor gut 200 Jahren ermöglichen, ist erstaunlich. Berichte über die Auswanderung nach Amerika, die Ansiedlung erster großer Fabriken wie des Ersatzkaffeeherstellers Franck oder die alltäglichen Ärgernisse wie Diebstahl und ungenaue Kirchturmuhren erlauben einen tiefen Einblick in die Gefühlswelt der damaligen Zeit.

Wenn es um Ludwigsburgs Geschichte geht, wird gerne über das Schloss, den Adel oder die vielen Soldaten in der Garnisonsstadt gesprochen. In den Zeitungen von damals spiegelt sich aber eine andere Welt wider. Es ist die Welt der Bürger. Egal ob Handwerker, Kaufmann oder Dienstmagd – sie alle haben in den historischen Ausgaben unserer Zeitung ihre Spuren hinterlassen. Viele der Persönlichkeiten, die damals in Ludwigsburg eine große Rolle gespielt haben, sind aber heute im Bewusstsein der Stadt ebenso vergessen wie der Alltag der einfachen Leute.

Illustriert wurden die „Ludwigsburger Stadtgeschichten" von dem Grafiker und Illustrator Wolfgang Kern. Für diese besondere Art der Stadtgeschichten hat er eine eigene Bildsprache gefunden – immer mit viel Liebe zum Detail und oft mit frechen oder lustigen Einzelheiten. Die hier abgedruckten Illustrationen und die dazugehörigen Geschichten lassen eine vergangene Epoche Ludwigsburgs wieder lebendig werden. Sie bereichern die Geschichte der Stadt um eine Vielzahl spannender Perspektiven.

Christian Walf,
Stadtredaktion der Ludwigsburger Kreiszeitung

Von Ludwigsburg bis nach Zagreb

Bevor Ludwigsburg im Jahr 1846 an das Eisenbahnnetz angeschlossen wurde, hing der Güterverkehr (auch der internationale) von Pferdefuhrwerken ab. Ein Großteil der Fuhrleute waren Kleinunternehmer mit ein oder zwei Pferden. Obwohl die Straßen damals viel leerer waren als heute, gab es schon jede Menge Verkehrsprobleme.

Viele dieser Fuhrleute hatten großes Glück, wenn ihnen ein Auftraggeber wohlgesinnt war und regelmäßig ihren Dienst forderte. Dann war das Auskommen für die ganze Familie gesichert. Die damaligen Straßen, die sogenannten Chausseen, waren mit Steinen und Kiesaufschüttung befestigte, leicht gewölbte Straßen mit Seitengräben zum Entwässern, die eine Breite von zwei sich begegnenden Fahrzeugen hatten. Übrigens war die erste, zur Chaussee umgebaute Straße in Württemberg die Route von Stuttgart nach Ludwigsburg. Das war im Jahr 1752. Danach folgte die Befestigung aller we-

sentlichen Verkehrslinien. Die Deichselfuhrwerke mit nebeneinander eingespannten Zugtieren wurden damals zur Pflicht. Dadurch blieb die wasserabführende Wölbung in der Straßenmitte wesentlich länger erhalten.

Außerdem hatten die Fuhrleute einen Schleiftrog, also einen Radschuh oder Hemmschuh mitzuführen, der an abschüssigen Strecken als Bremsklotz vor das rechte Hinterrad gesteckt wurde, um das Gespann zu bremsen.

Im Winter, wenn die Straßen verschneit oder vereist waren, wurde der sogenannte Eisreißer am Hemm-

schuh befestigt. Diese Verordnung wird ein Fuhrmann aus Neckarweihingen, der im Februar 1842 für den Löwenwirt Kopp eine Fuhre Wicken auf dem Hartenecker Schlösschen holen sollte, wohl nicht beachtet haben. „Im Herabfahren rutschten die Hinterräder auf dem Glatteis über den Weg hinaus und der zweispännige Wagen stürzte mit Pferden und Ladung den steilen Berghang hinunter in den Neckar. Der Wagen wurde ganz zertrümmert; von den Pferden blieb das eine völlig unverletzt und schwamm sogar, das andere erhielt wohl mehrfache Verletzungen, doch sollen sie nicht gefährlich sein. Der Knecht kam mit dem Schrecken davon", wird damals in der Zeitung berichtet.

Das tägliche Fuhrgeschäft bestand meistens in der Ausführung kleinerer Aufträge. Doch es gab auch Anfragen aus Ludwigsburger Großbetrieben. Der Orgelbauer Walcker nahm immer wieder die Dienste der Ludwigsburger Fuhrleute in Anspruch. Eine Fuhr-Akkord-Annonce in der Zeitung hörte sich folgendermaßen an: „Orgelbauer Walcker wünscht einen mit 60 Zentner beladenen Wagen nach Frankfurt und denselben mit etwa 26 Zentner retour befrachtet, durch einen sicheren Fuhrmann fahren zu lassen. Lustbezeugende Fuhrleute wollen sich melden und ihre Anträge stellen."

Einen ganz besonderen Großauftrag gab es im August 1855. „Die große von Herrn Walcker für Agram (Zagreb) erbaute Orgel ist am Samstag, 4. August 1855, in der Früh auf 5 sechsspännigen Pferdewagen an ihren Bestimmungsort (etwa 800 Kilometer) abgegangen. Gleichzeitig eilte ein Kurier den langsam auf der Landstraße sich fortbewegenden Wagen nach Agram voran und brachte dem dortigen Erzbischof, in dessen Metropolitan-Kirche die Orgel zu stehen kommt, die sehnlichst erwartete Nachricht von ihrer Abfahrt. Die Kosten des ganzen Transportes belaufen sich auf 4000 Gulden."

Berittene Kuriere brachten – mit häufigem Pferdewechsel – eine tägliche Leistung von 80 bis 100 Kilometern hinter sich. So wird es eine Woche gedauert haben, bis die Nachricht in Zagreb eintraf.

Die Nachricht braucht eine Woche, bis sie ihr Ziel erreicht

Die Garnison in Ludwigsburg benötigte ebenfalls immer wieder in größerem Ausmaß tüchtige Fuhrleute. „Bei dem am Ende des Monats Juli 1837 statthabenden Garnisonswechsel bedarf das 2. Infanterieregiment zur Fortschaffung seiner Rüstungen und Effekten (etwa 650 bis 700 Zentner) von Ludwigsburg nach Ulm 13 bis 14 vierspännige Wagen; tüchtige Fuhrleute werden mit dem Bemerken eingeladen, dass auch zugleich über eine Rückfracht von Ulm nach Stuttgart ein Akkord abgeschlossen wird."

Eine besondere Herausforderung war der Transport von Schießpulver. In der Zeitung heißt es damals: „Die in neuerer Zeit vorkommenden Pulvertransporte durch den Bezirk fordern ihrer Gefährlichkeit wegen folgende Vorsichtsmaßregeln:

1) Mit Schießpulver beladene Frachtfuhrwagen dürfen innerhalb der Orte über Nacht nicht aufgestellt, derartige Fuhrwerke müssen in angemessener Entfernung von Wohnungen der Menschen und an sicherer Stelle unter gehöriger Bewachung untergebracht werden.

2) Auch zur Tageszeit, wenn der Transport innerhalb

eines Ortes kurze Zeit anhält, z. B. beim Füttern, muss der Wagen vom Fuhrmann bewacht sein. Wenn jedoch der Aufenthalt längere Zeit dauert, muss das Pulverfuhrwerk außerhalb an einem sicheren Platz unter Bewachung aufgestellt werden."

Nicht nur Gefahrengut, auch sämtlicher Fuhrbetrieb innerhalb der Stadt sowie auf den Landstraßen, unterlag einer vom Königlichen Oberamt verfassten Gesetzesordnung. Laut Weisung vom 19. Juni 1815 galt in der Stadt, dass „Fuhrwerke rechts auszuweichen haben, damit Fußgänger und Reiter ungehindert ihren Weg fortsetzen können". Zudem war in den Ludwigsburger Alleen das Fahren für sämtliche Fuhrwerke verboten. Eine empfindliche Strafe von drei Gulden 15 Kreuzern drohte dem Fuhrmann bei Nichtbeaufsichtigung seines Fuhrwerkes. Sein Pferd anbinden und eine Pause im Gasthaus einlegen war somit nicht möglich. Doch viele, besonders auswärtige Fuhrleute, hielten sich nicht daran.

Innerhalb der Stadt war Schrittgeschwindigkeit vorgeschrieben, „unnachsichtlich" wurden Vergehen mit drei Gulden 50 Kreuzern bestraft. Und trotzdem gab es „Temposünder". Beim Abbiegen um eine Ecke hinter der Talkaserne hielt ein Bierfuhrwerk im April 1851 das vorgeschriebene Tempo nicht ein. Ein neunjähriger Knabe, mit einer Wassergölte (Schüssel) auf dem Kopf, konnte nicht mehr ausweichen. Mit gebrochenen Armen kam das Kind ins Spital.

Ein anderes Unglück ereignete sich im Juni 1850. „Ein Fuhrwerk, auf welchem eine Partie Sensen lag und dessen Pferd scheu wurde, rannte im Galopp gegen das Heilbronner Tor. Einige Knaben hatten zum Auswei-

chen so wenig Zeit, dass einer davon nur schnell auf einen Steinhaufen sprang, hier aber unglücklicherweise von einer der schlecht verwahrten Sensen, welche über den Wagen hinaushingen, erfasst und demselben ein Teil des Unterkiefers mit 4 Zähnen weggeschnitten wurde. Der unglückliche Knabe wurde sogleich in das Torwachthaus gebracht."

Wenn Dung oder Schutt auf die Straßen fallen, droht eine hohe Strafe

Da die meisten Fuhrleute kein großes Haus, geschweige einen Hof mit Unterstellmöglichkeiten besaßen, ließen sie nachts ihre Wagen und Karren vor den Häusern stehen. Zur Sicherheit in der nächtlichen Stadt war jedoch verordnet, dass die abgestellten Fuhrwerke „gehörig beleuchtet" werden mussten. Wenn nicht, drohte der „Ein-Gulden-Strafzettel". Weiter war es sehr wichtig, die Ladung gut zu sichern. Wenn zum Beispiel Dung oder Schutt geführt wurde und unsachgemäßes Aufladen die Straßen verunreinigte, waren 30 Kreuzer fällig.

Außerhalb der Stadt, auf den Landstraßen, bot sich ein anderes Bild: Ein Oberamtmann, der sich auf amtlichen Reisen befand, berichtet am 3. Mai 1834 in der Zeitung von seinen Beobachtungen: „Es ist eine tägliche Erscheinung, dass Fuhrleute auf ihren Wagen sitzen oder stehen, ohne ein Leitseil zu führen, dass sie auf dem Fuhrwerk schlafen und ihre Pferde sich selbst überlassen, dass sie sehr nachlässig und träge ausweichen, dass sie hierbei sich nicht immer rechts halten, wie dies doch eine längst gegebene Vorschrift ist, dass sie sich häufig von ihrem Fuhrwerk ganz entfernen, zurückbleiben, und die Pferde ganz ohne Leitung lassen, und dass sie die vorderen Pferde hinten an den Wagen anhängen."

Ein weiteres Unglück ereignete sich am 8. Februar 1852. „Zwischen Marbach und Rielingshausen, bei der sogenannten Schweißbrücke, wollte ein vierspänniges Salzfuhrwerk, auf welchem neben dem Fuhrmann seine zwei Kinder, ein Knabe und ein Mädchen, sich befanden, eine bereits von der Murr überschwemmte Straße passieren, als das reißende Wasser das Fuhrwerk erfasste und in die Wogen der Murr riss. Während das Mädchen und der Vater gerettet werden konnten, ertranken der Knabe und die 4 Pferde."

Ein Unfall traf den Ludwigsburger Fuhrmann Jakob Neppach. Er fuhr mit seinem einspännigen Pferdewagen regelmäßig nach Bad Boll, Göppingen, Teinach und Cannstatt, um dort in Fässern Mineralwasser zu holen, das er in seinem Häuschen in der Lindenstraße verkaufte und auch hiesige Kaufleute belieferte.

Die Fässer mit Mineralwasser zerstören das Wohnhaus

Vermutlich hatte er im Juni 1821 zu viel Wasser in seinem Haus gelagert, denn es geschah ein großes Unglück, das in der Zeitung vom 24. Juli 1821 wie folgt beschrieben wird: „Jakob Neppach von hier, welcher sich von einem Handel mit Mineralwasser nährt, hatte vor einiger Zeit das Unglück, dass das Gebälk des unteren Bodens seines Häuschens in der Lindenstraße 71 (heute 52) zusammengebrochen und in den darunter befindlichen Keller gestürzt ist. Bei seiner gänzlichen Mittellosigkeit ist es ihm unmöglich, das Bauwesen ohne anderweitige Hilfe wiederherzustellen, und sich, seiner Frau und seinen 5 kleinen Kindern, ein Obdach zu verschaffen. Menschenfreunde, welche geneigt wären, diesen armen Mann zu unterstützen, werden ersucht, ihre Beiträge dem Stadtrat, Salzfaktor C. F. Mayer, zuzustellen."

Die Hilfsbereitschaft der Ludwigsburger Bevölkerung ließ nicht auf sich warten. Am 1. August 1821 konnte mit der Instandsetzung des Hauses begonnen werden. Doch es stellte sich bald heraus, dass es weit mehr kosten würde. Stadtrat Mayer durfte sich weiterhin auf die Spendenbereitschaft der Ludwigsburger Bürger verlassen. Im September 1821 konnte Fuhrmann Neppach sein Haus wieder beziehen und seinem Gewerbe nachgehen.

Immer Ärger mit der Turmuhr

Im 19. Jahrhundert ist die Turmuhr der Stadtkirche der entscheidende Zeitmesser in der Stadt. Geht sie falsch, dann geht alles durcheinander. Leider ist die Uhr ziemlich unzuverlässig. Einmal dauert der Tag in Ludwigsburg sogar eine Viertelstunde länger als anderswo.

Wenn man heutzutage über den Ludwigsburger Marktplatz schlendert und die Uhrzeit wissen möchte, zückt man kurzerhand das Smartphone. Dass seit fast 300 Jahren in Ludwigsburg die Zeit durch die Kirchturmuhren angezeigt und durch Glockenschlag verkündet wird, interessiert heute kaum noch jemanden.

Am 18. September 1726 wurde die evangelische Stadtkirche eingeweiht. Da die Türme noch nicht fertig waren, läuteten die Glocken zunächst auf eigens errichteten Holzgerüsten neben der Kirche. Die vier Glocken, welche Herzog Eberhard Ludwig 1726 von dem Glockengießer Gottlieb Korn in Ulm gießen ließ, haben verschiedene Inschriften und wiegen 4150 Pfund, 1650 Pfund, 850 Pfund und 350 Pfund.

Im 19. Jahrhundert war Uhrmacher G. Büchele zwölf Jahre lang mit der Beaufsichtigung der hiesigen Stadtuhr beauftragt. Die vielen Klagen veranlassten ihn aber, im Januar 1845 seinen Dienst aufzugeben. So wurde in einem Leserbrief am 16. Januar 1845 in Hinsicht auf Büchele bemängelt: „Seit einiger Zeit geht die hiesige Stadtuhr wieder ganz schlecht und die früheren Klagen wiederholen sich immer häufiger. Nicht nur dass dieselbe seit längerem immer zurückbleibt, dass immerhin gegen die Stuttgarter- und Heilbronner-Uhr eine Viertelstunde beträgt, so bleibt auch einer der Uhrzeiger öfter ganz unbeweglich stehen. Die Achtung vor dem Publikum im Allgemeinen, die spezielle Rücksicht auf das Königl. Militär, auf die vielen Amtsstellen, die Post, welche sich alle nach der Stadtuhr – als leider hier einzigen Hauptuhr – richten müssen, fordern auch eine entsprechende Aufsicht über dieselbe."

Die Ludwigsburger fordern eine grundlegende Sanierung

Doch auch nach der Ära Büchele trat keine Besserung ein. Am 8. Dezember 1857 erschien ein Le-

13

serbrief, der darstellte, dass die Ludwigsburger am 5. Dezember 1857 eine Viertelstunde länger gelebt haben als andere Erdenbewohner. „Dass die hiesige Stadtkirchen-Uhr, wie alle etwas ältlichen Damen, welche einst jung gewesen, ihre Launen und besonderen Tage hat, wird gewiss jedermann recht und billig finden, und so wird auch gewiss niemand darüber sich aufhalten, dass sie gar oft anderen Uhren gegenüber einem ungewöhnlichen und in der Regel unmotivierten Fortschritt huldigt, wie sie am letzten Samstag vor acht Tagen plötzlich einen solchen außergewöhnlichen Sprung machte und alle anderen ordinären Uhrenkinder um zehn Minuten hinter sich ließ. Gestern Abend hat sie jedoch zu gewaltig in die Speichen des rollenden Rades der Zeit gegriffen, und wer ein wenig aufmerksam auf den Pulsschlag der Gegenwart lauscht, wie ihn die Turmuhr verkündet, konnte mit eigenen Ohren von dem Mirakel sich überzeugen, dass am 5. Dezember 1857 in hiesiger Stadt die Stunde von 12 bis 13 Uhr mittags 5 Viertelstunden hatte, denn es schlug Viertel, halb und zweimal Dreiviertel auf 13 Uhr, und dass wir Ludwigsburger somit gestern eine Viertelstunde länger gelebt haben als andere Menschenkinder. Das ist denn doch eine Extravaganz, die man selbst einer so respektablen Dame nicht nachsehen sollte, und es wäre zu wünschen, dass diejenigen, welche einigen Einfluss auf den Willen unserer Turmuhr besitzen, diesen Einfluss dazu benützen würden, dass unsere Zeitenmesserin und Zeitenverkünderin nicht mehr so gar launenhafte Sprünge machen und nicht mehr gar zu sehr von den übrigen Wand-, Stand-, Sack- und anderen Uhren abweichen möge."

Zehn Jahre später, im Sommer 1868, befanden sich die Stadtturmuhren wieder in einem desolaten Zustand. Die Beanstandungen und Klagen der Einwohner forderten, dass endlich mit den Turmuhren eine Radikalkur durch Meisterhand vorgenommen werden sollte.

So heißt es in einem Leserbrief von damals: „Schon geraume Zeit scheinen die hiesigen Stadtturmuhren in einem Zustand vollendeter Konfusion zu sein. Denn bald schlagen einzelne Glocken gar nicht, bald beliebt es der so genannten Zwölfglocke, 20 zu schlagen, bald schlägt sie eine Stunde mehr oder weniger als die große Glocke, bald schweigen beide ganz, so wie heute Nacht am 19. August 1868. Um 2 und 3 Uhr zum Beispiel haben beide Glocken gar nicht und nur die Betglocke geschlagen; um 3 Uhr war auch das Nachschlagglöckchen nicht zu hören. Auf diese Weise weiß man nie, woran man ist, was für Reisende, insbesondere bei Nacht, ganz fatal ist. Auch scheinen die Turmwächter zuweilen etwas schlaftrunken zu sein, denn manchmal schon ist zum Stundennachschlag anstatt des Nachschlagglöckchens das Feuerglöckchen benützt worden."

Auch die Zifferblätter haben eine große Besonderheit

Endlich, im September 1868, entschied der Stadtrat, dass von Uhrmacher Bauer die alten Uhren repariert und auch die Zifferblätter und Zeiger auf beiden Türmen sowie das Gehäuse der Uhr in Ordnung gebracht werden sollten. Während dieser Arbeiten „gelten als öffentliches Merkzeichen der Zeit lediglich die Schläge der Glocken, welche der Turmwächter in Bewegung setzt". Klagen sind seit dieser fachmännischen Reparatur keine mehr bekannt.

Eine besondere Aufmerksamkeit verdienen noch die Zifferblätter der Kirchturmuhren an der Stadtkirche. Sie haben römische Ziffern. Hier ist die 4 mit der römischen Zahl IV versehen. Dass das etwas Besonderes ist, fällt nicht sofort auf. Doch wenn man alte Uhren, nicht nur Kirchenuhren, die mit einem römischen Zifferblatt versehen sind, genau ansieht, findet man meistens, statt der richtigen römischen Zahl IV, eine IIII.

Warum die Normalschreibweise der IV meist nicht verwendet wurde, dazu gibt es verschiedene Erklärungen, die wir hier nicht alle aufzählen wollen.

Darauf, dass im Juni 2016 nach fast 300 Jahren eine neue Zeitrechnung auf dem Ludwigsburger Marktplatz begann, auch darauf wollen wir hier nicht näher eingehen. Doch seither haben die Kirchenglocken aufgrund von „Lärmbelästigung" aufgehört, nachts zu schlagen. Die Ludwigsburger vor 150 Jahren hätten sich darüber wohl nur gewundert. Beschwerden und Leserbriefe aufgrund der schweigenden Glocken wären sicherlich die Folge gewesen.

Gebratene Lerche vom Vogelspieß

Auch im 19. Jahrhundert machte man sich Sorgen über den Bestand der Singvögel. Und schon damals wurden die Elstern verdächtigt, Eier und Jungvögel zu rauben. Doch auch die Ludwigsburger waren nicht ohne Schuld. Viele Singvögel wurden gefangen und eingesperrt, manche sogar verspeist.

Sind Elstern mitverantwortlich für den starken Rückgang der Singvögel im Kreis Ludwigsburg? Viele Menschen sind davon fest überzeugt. Denn Elstern stehlen Eier aus den Nestern der Singvögel.

Dieses Problem war auch im 19. Jahrhundert bekannt. Schon damals standen die Elstern im Verdacht, den Singvogelpopulationen gehörigen Schaden zuzufügen. Nur war damals die „Elstern-Gefahr" kein Tabuthema. Der große Nutzen der Singvögel als „Raupenfresser" war hoch angesehen und in Hoheneck wurden schon 1857 „Elsterprämien" mit sichtbarem Erfolg gezahlt.

Die brutale Jagd auf Elstern
wird offiziell unterstützt

In einem Aufruf im Mai 1858 in der Zeitung heißt es: „Die Zeit, in welcher die Todfeinde der Singvögel, die Elstern, brüten, ist gekommen und es dürfte die Aufforderung, deren Eier und Junge auszuheben, nicht überflüssig sein. Neuere Schriften, welche übereinstimmend den Schutz fast aller Vögel empfehlen, raten dringend zur Vertilgung der bösen, in

jeder Hinsicht schädlichen Elstern, die nicht bloß die kleineren Vögel töten, sondern außerdem an Obst, Korn und Wein großen Schaden anrichten."

Doch soll auch die Kehrseite dieser „Vogelliebe" im 19. Jahrhundert nicht verheimlicht werden. Nicht nur die bösen Elstern „mochten" die kleinen Vögel, die Menschen selbst erfreuten sich an den putzigen Singvögeln – nicht nur in der Natur, sondern auch in den engen Käfigen der heimischen Stube. Der Vogelfang war in diesen Zeiten beliebt und galt sogar als Sport.

Je nach Art wurden die Vögel verkauft, verzehrt, gefangen gehalten oder gezähmt und abgerichtet, um sich in Käfigen an ihrem Gesang und ihrem ansprechenden Gefieder zu erfreuen. Die Ludwigsburger spezialisierten sich vor allem auf den Fang der bekannten, einheimischen Vögel, die überall in der Umgebung lebten und mit Vogelfallen eingefangen oder als Jungvögel aus den Nestern genommen wurden.

Wie aus der Zeitung von 1819 zu entnehmen ist, standen besonders Vögel wie der Distelfink (Stieglitz), das Rotkehlchen, die Grasmücke, die Mönchsgrasmücke, Lerchen und als Krönung aller Singvögel die Nachtigall auf der Fangliste.

Damals gab es viele Familien, die Singvögel in Käfigen in ihrer Wohnung hielten. Was heute kaum noch vorstellbar ist, war damals vollkommen normal. Von artgerechter Haltung konnte natürlich nicht gesprochen werden.

Die Lerchen wurden übrigens nicht für die Wohnung gefangen, sondern galten als Delikatesse. In einem in Auszügen in der Zeitung abgedruckten Kochbuch von 1819 heißt es: „Gebratene Lerchen. Diese werden gerupft, die Haut wird über den Kopf abgezogen, die Vögel werden aber nicht ausgenommen, sondern die Füße und Flügel umgebogen, sauber in Wasser gewaschen, gesalzen, und an einen Vogelspieß gesteckt, daran man sie, unter öfterem Begießen mit Butter, braten lässt. Wenn sie bald fertig sind, bestreut man sie mit Semmelmehl und lässt sie vollends gelb werden.“

In den Ludwigsburger Schlossanlagen waren die Nachtigallen sehr verbreitet. Mit speziellen Vogelfallen wurden sie dort gefangen. In Annoncen in der Zeitung wurden die singbegabten Vögel zum Verkauf angeboten: „2 vorzügliche Nachtigallen, die schon einige Wochen schlagen, sind zu verkaufen.“ Ein besonderes Nachtigallen-Kaufangebot gab es im März 1830: „Es ist eine Nachtigall zu verkaufen, für welche als Nachtschläger Versicherung gegeben werden kann.“

Einige Ludwigsburger Händler nutzten diese Vogelbegeisterung für ein gutes Geschäft, und bereicherten ihr Angebot mit Vogelfutter. „Hanfsamen, Haberkörner (Hafer), weißen Mohnsamen und Ameiseneier wird allen Vogelfreunden zu gefälliger Abnahme empfohlen.“

Mit Ameiseneiern sind Ameisenpuppen gemeint. Die Puppen der Wiesenameisen wurden gesammelt und frisch an die Vögel verfüttert, sie galten als eine sehr nahrhafte Nahrung.

Neben dem Erwerb eines Vogels ging der Kauf eines Käfigs einher. Den kaufte man am besten in einem Quincaillerie-Geschäft, bei einem Kaufmann, der verschiedene Haushaltswaren aus Eisen, Messing oder Draht anbot.

Um 1840 galt Ludwigsburg als Stadt der Vogelkäfig-Industrie. Besonders bekannt waren die Vogelkäfige der Firma Wagner & Keller, die 1842 unter dem Namen Vetter und Hezel als Blechwarenfabrik gegründet wurde.

Die gefangenen Singvögel saßen nicht nur zur

Zierde in ihren Käfigen herum, sie wurden auch animiert, zu singen. Dafür gab es Vogelorgeln, die sogenannte Serinette. Eine kleine Handdrehorgel, die zum Abrichten der Singvögel verwendet wurde.

So heißt es im August 1819 in der Zeitung: „Eine Spieluhr zum Lernen für Singvögel hat Schmiedemeister Schreiber zu verkaufen."

Schon um 1840 kam hierzulande aber die Tierschutz-Bewegung auf. Es gab immer mehr Klagen über das Ausnehmen der Vogelnester und das Einfangen der Vögel. Um die oft mit Rohheit und Grausamkeit verbundene Zerstörung der Vogelnester während der Brutzeit zu verhindern, wurden schon damals verschiedene Regeln aufgestellt. Zeitweise wurde es auch verboten, Vögel und Vogelnester zu verkaufen. „Ein Erwachsener, der durch Ausnehmen von Vogelnestern Ärgernis gibt, ist mit der Geldbuße bis zu 15 Gulden oder Arrest bis zu 8 Tagen zu bestrafen und die betroffene Schuljugend wird eine körperliche Züchtigung erhalten."

Doch kaum jemand hielt sich an das Verbot. Nach wie vor streiften Vogelfänger durch Wald und Flur.

Im April 1850 wurde ein Nachtigallenfänger im Schlossgarten in flagranti erwischt: „Schon längst besteht das lobenswerte Verbot des Einfangens der Singvögel im Schlossgarten, namentlich der Nachtigallen. Jedes Jahr aber gibt es der mutwilligen Übertreter genug, die nicht bekannt und der Behörde nicht angezeigt werden. Heute gelang es dem Schlossgartenportier Falkenstein, einen solchen Nachtigallenfänger zu erwischen und zur Bestrafung zu bringen. An das den Schlossgarten besuchende Publikum wird nun die Bitte gerichtet, ebenfalls zur Beendigung dieses Unfugs mitzuwirken, und die Gartenwächter auf solche Vogelfänger aufmerksam zu machen", heißt es damals in der Zeitung.

Ein Leser fordert mehr Einsatz gegen das Wegfangen der Vögel

Ein scharf formulierter Leserbrief vom Mai 1868 appelliert mit großer Deutlichkeit an die Vernunft der Ludwigsburger Zeitungsleser: „Der liebliche Nachtigallenschlag in den K. Anlagen ist verstummt! Diese niedlichen Tierchen sind von gefühllosen Menschen weggefangen, wahrscheinlich verkauft und für immer ihrer Freiheit beraubt worden. Wenn diese Vogelfänger, wie die etwaigen Käufer, auch nur einen Funken von Gefühl besitzen, so machen sie vielleicht den Handel wieder rückgängig und setzen diese unschuldigen und ebenso nützlichen Vögel wieder in Freiheit. Aber auch an die gesetzgebenden Organe in allen Ländern Europas dürfte die dringende Bitte gerichtet werden: möchten doch mit aller Energie die Besteuerung des Haltens der insektenfressenden Singvögel mit je mindestens 50 Gulden ins Leben treten lassen, dann wird deren Wegfangen bald ein Ende haben. Aber auch der Verkauf der zum Verspeisen gefangener und getöteter Lerchen dürfte mit einer Verkaufssteuer von etwa 5 Gulden pro Stück belegt werden, denn auch diese Tierchen sind viel seltener geworden. Wann werden denn gewisse Menschen endlich einmal menschlich denken und menschlich handeln lernen?"

Staubalarm in Ludwigsburgs Straßen

Auch vor 150 Jahren ist der (Fein-) Staub schon ein großes Thema. An heißen Tagen verwandeln sich Ludwigsburgs Straßen in Staubpisten, die Bewohner können kaum noch atmen. Die Stadtverwaltung verspricht zwar Hilfe, doch lange Zeit passiert überhaupt nichts.

Während heute Feinstaub und die damit verbundenen Gesundheitsschäden ein Dauerthema sind, gab es in den Zeiten, als noch kein Auto die Straßen Ludwigsburg verpestete, ebenfalls ernstzunehmende Befürchtungen vor Staub. Allerdings ging es damals um Straßenstaub.

Die Straßen waren im Ludwigsburg des 19. Jahrhunderts entweder mit Kopfsteinpflaster gepflastert oder sogenannte befestigte Staubstraßen. Nur die stark frequentierte Stuttgarter Straße war auf spezielle Art ausgebaut. Verschiedene Schichten Schotter bildeten bei ihr den Straßenoberbau, Wasser konnte dadurch gut ablaufen. Der Verkehr schaffte es dadurch immer „trockenen Fußes" vom Stuttgarter bis zum Heilbronner Tor. Asphaltstraßen gab es im 19. Jahrhundert dagegen noch keine.

Ein ernsthaftes Problem dieser sogenannten makadamisierten Straßen, benannt nach dem schottischen Erfinder John Loudon McAdam, war der Staub, der an trockenen, heißen Tagen unerträglich wurde. Der Staub wurde durch Pferdefuhrwerke, durch Reiter, die oft im Trab und Galopp über die Straßen eilten, sowie durch das fast täglich ausrückende und marschierende Militär aufgewirbelt – so stark, dass man in den Staubwolken teilweise die Hand vor den Augen nicht mehr sehen konnte.

Der lästige Staub, der die Bewohner in hohem Grade plagte, sorgte für jede Menge Klagen. Da vonseiten der Stadtbehörde keine wesentliche Hilfe zu erwarten war, schritten einige Anwohner zur Selbsthilfe und begannen die Straße vor ihren Häusern mit Eimern und Kannen zu begießen. Da aber die meisten Leute keinen Brunnen in ihrem Anwesen oder in der Nähe hatten, von Wasserleitungen ganz zu schweigen, blieb diese Art der Abhilfe „ein Tropfen auf den heißen Stein".

In einem Leserbrief, der damals in der Zeitung veröffentlicht wurde, machte ein Ludwigsburger den Vorschlag: „Gewiss ließen sich zwei Feuerlöschkarren leicht mit einer Gießvorrichtung versehen, und es würden die Kosten für ein Pferd nicht hoch sein, und jedenfalls durch die Dankbarkeit der Einwohnerschaft aufgewogen werden."

Doch nichts geschah, wieder gingen einige Jahre vorüber, wieder ging ein Gesuch an den Gemeinderat, wieder mussten die staubgeplagten Anwohner sich gedulden, obgleich die betroffenen Bewohner sogar bereit waren, nötigenfalls einen Teil der Kosten zu tragen.

Im Jahr 1867 wurde in einem Leserbrief nachgefragt: „Schon des Öfteren haben die Bewohner der Stuttgarter Straße das Gesuch eingereicht, es möchte von Seiten der Stadt die Anordnung getroffen werden, die Straße zu begießen, um die Bewohner dadurch von der Last des Staubes zu befreien, da nicht anzunehmen ist, der Himmel werde, wie in der letzten Woche, so auch in den nächsten Monaten, seinen Regen immer zur rechten Zeit schicken, um den Staub zu legen." Auf hartnäckiges Anfragen wurde dann die Auskunft erteilt, „dass dem Gesuch entsprochen werden solle, indem eine Einrichtung, ähnlich wie solche in Stuttgart bestehe, in Aussicht genommen sei. Ob aber der Staub des Jahres 1867 damit ein Ende hat, ist sehr zweifelhaft, wenigstens lässt die bisherige Förderung der Sache dies nicht hoffen".

Immer wieder wurde der Vergleich zu Stuttgart erwähnt und den Ludwigsburger Stadtvätern vorgehalten, „zu den vielen Annehmlichkeiten Stuttgarts gehören unstreitig seine vom Staub freigehaltenen Straßen, da besonders hergerichtete Wasserwagen durch die Straßen fahren und dieselben begießen, sobald es Staub gibt. Wenn dies schon in den wohlgepflasterten Straßen Stuttgarts für nötig befunden wird, wie viel mehr wäre eine solche Einrichtung für Ludwigsburg mit seinen vielen unbefestigten Straßen notwendig, wo der in bedenklichem Maße zunehmende Staub zu einer wahren Stadtplage geworden ist. So können wir nicht verdenken, wenn die Ludwigsburger Einwohner sich nach einer Einrichtung wie in Stuttgart sehnen und öffentlich dafür sich aussprechen".

Die Ludwigsburger Stadtbehörde schenkte noch im gleichen Sommer den Klagen der Einwohner Gehör, es wurde versprochen, „Straßen-Begieß-Apparate" anzuschaffen, aber dieser kam – aus welchen Gründen auch immer – nicht zur Verwendung.

Ein Ludwigsburger Bürger ließ in einem Leserbrief vom 9. April 1868 nicht locker: „Aus sicherer Quelle vernehmen wir, dass im vorigen Sommer schon im Gemeinderat der Beschluss gefasst worden ist, die Straßen der Stadt, wenn nötig, mittels Wasserwägen begießen zu lassen und dass ein Mitglied des Gemeinderats damit beauftragt wurde, dieses Projekt schleunigst zur Ausführung zu bringen. Wir wollen davon absehen, dass diese Apparate letztes Jahr noch nicht eingesetzt wurden, aber in den langen Wintermonaten wäre sicher Zeit genug dazu vorhanden gewesen, deren Anfertigung zu bewerkstelligen. Ob und wieweit dies geschehen ist, wissen wir nicht, aber das wissen wir, dass wir vor einigen Tagen schon wieder Staub in Hülle und Fülle zu schlucken bekamen, dass dies, wenn der Himmel uns keinen Regen schickt, täglich noch mehr der Fall sein kann. Möge doch der verehrte Beauftragte, wenn er vielleicht selbst durch die Staubwolken auch weniger zu leiden hat, Sorge dafür tragen, dass uns die Wohltat des Begießens der Straßen nicht noch länger vorenthalten bleibt, er wird sicher vielen Dank dafür ernten."

Ein Jahr später, im April 1869, erschien folgende Anfrage in der Zeitung: „Wie lange muss der Staub hier liegen, bis der Straßen-Begieß-Apparat in Bewegung und Benützung gesetzt wird?"

Obwohl die Stadt mittlerweile ein Wasserwerk besaß und die Häuser an Wasserleitungen angeschlossen wurden, blieb der sommerliche Staub ein Dauerthema.

9. Juli 1872, Stuttgarter Straße: „Heute ist ein Tag, an dem es sich beinahe nicht aushalten lässt; die Hitze ist groß, aber noch viel größer und schauderhafter der Staub; man glaubt sich vollständig an die Landstraße versetzt. Angesichts unseres geschätzten Wasserwerkes und der dafür getroffenen guten Verwaltung ist doch zu sagen, dass sich die hiesigen Bewohner mit dieser Güte und dem Bewusstsein, in dieser Anstalt eine gute Einnahmsquelle der Stadt zu sehen, nicht vollständig zufriedengeben können, denn was nützt sie das alles, wenn sie vor Staub beinahe umkommen! Warum wird gezögert, an einem heißen Julitag wie heute, an dem überdies die Pferde des ganzen Bezirkes unsere hiesigen Straßen passieren, der Gießwagen seine Schleusen nicht öffnet, um unsere Lungen zu erleichtern?"

Das waren im 19. Jahrhundert die Nöte und Sorgen der Ludwigsburger im Sommer. Im Winter verwandelten sich die Staubstraßen übrigens in Matsch.

Zu jeder Jahreszeit ein kühles Bier

Ein eiskaltes Bier - das war vor der Erfindung der Eismaschine eine mühsame Angelegenheit. Ohne diese technische Errungenschaft blieb den Ludwigsburger Bierbrauern nur die Hoffnung auf einen kalten Winter - und damit jede Menge Eis.

Der Ludwigsburger Feuersee bereitete in kalten Wintern nicht nur den Schlittschuhläufern jede Menge Vergnügen. Sobald die Eisdecke mindestens zehn Zentimeter dick war, begann für die starken Männer Ludwigsburgs die kräftezehrende Arbeit des Eisblöckeschlagens.

Die hiesigen Bierbrauer hofften jeden Winter auf einen zugefrorenen Feuersee, denn sie benötigten das Eis zum Einlagern in ihre Bierkeller. Die Brauereien verfügten meist über einen tief unter ihrem Haus gemauerten Keller. Im Allgemeinen herrschten hier von Natur aus niedrige Temperaturen. Wenn das aber nicht ausreichte, wurde mit Natureisblöcken nachgeholfen. Nur so konnten damals die Biervorräte bis in den Sommer gekühlt werden. Für Bierbrauer sorgten eisreiche Winter für eine gesicherte Existenzgrund-

lage. Milde Winter bedeuteten für sie dagegen eine Katastrophe. Denn dann war es unmöglich, das Bier bis weit ins Jahr hinein, genießbar zu halten.

Im Jahr 1863 machten sich findige Ludwigsburger Köpfe daran, inspiriert durch den Eisenbahntunnelbau, an den brachliegenden Felswänden im Stadtgebiet, Eiskeller zu bauen.

Die Zeitung veröffentlicht diese Ideen im November 1863. „Durch den Tunnelbau bei Anlegung der Eisenbahnen tritt bei manchem der Gedanke in den Vordergrund, ähnlich diesem die Felsen zu durchbohren und hierdurch gute Keller, besonders für Bierbrauer, deren es im Allgemeinen mangelt, anzulegen. Hierzu gibt es viele geeignete, für andere Zwecke nutzlose Stellen, wie dies sich besonders in Ludwigsburg in neuester Zeit zeigt. Da seither zum größten Nachteil der Bierbrauer solche Felsenkeller in der Umgebung Ludwigsburgs fehlten, so ist das Vorhaben der Herren Bierbrauer Siegler und Köpf (beide Bietigheimer Straße), sowie des Herrn Webermeisters Knauß (Heilbronner Straße) sehr zu loben, denn hierdurch dürfte es als gelungen bezeichnet sein, diesem Übelstand abzuhelfen; besonders das Unternehmen des Herrn Knauß ist zu loben, indem der so lange nutzlos gelegene Platz an der Unteren Reithausstraße nun wahrhaft eine Goldgrube zu nennen ist; ja, eine wahre Freude macht es, mit anzusehen, wie dieser Mann, sich durch nichts stören lassend, seinen Zweck zu erreichen trachtet; derselbe dürfte sich das allgemeine Lob der Einwohnerschaft Ludwigsburgs hierdurch erworben haben. Jeder, welcher für solche Fortschritte Interesse fühlt, möge sich von der Richtigkeit des Gesagten an Ort und Stelle überzeugen, es wird wohl keiner zurückkehren ohne die vollkommene Überzeugung, dass ein solches Unternehmen, mag auch die Ausführung mit noch so viel Kosten und Mühen verbunden sein, den erwünschten Wert weit übertreffen wird."

Den ersten Eisschrank in Ludwigsburg gibt es 1884

Am 18. Dezember 1863 war das Werk des Webermeisters Knauß vollendet und er berichtet in der Zeitung: „Nachdem die von mir im Laufe dieses Sommers angefangenen beiden Keller, wovon der eine ganz in Felsen gehauen und der andere gewölbt ist, der Vollendung so nahe sind, dass sie benützt werden können, erlaube ich mir hiermit solche zum Kauf oder Pacht anzubieten. Beim Kauf eines Kellers kann auch das nebenstehende Wohnhaus mit Hintergebäude und ca. 2 ½ Morgen vom Garten mit erworben werden."

Die günstige Lage des Feuersees inmitten der Stadt war für die Bierbrauer sehr vorteilhaft. Bei den kurzen Wegen vom See zu den Eiskellern ging relativ wenig Eis durch Abtauen verloren. Das änderte sich, als am 11. Februar 1874 die Verkleinerung des Feuersees genehmigt wurde. Der bisherige große See wurde auf einen Bereich zwischen Alleen- und Karlstraße reduziert. Das Eisblockschlagen war daraufhin am Feuersee nicht mehr erwünscht, das aufwendige Geschäft wurde an den Monrepos-See verlegt.

Am 11. Januar 1885 hieß es in der Zeitung: „Seit einigen Tagen erfreuen wir uns bei lichtem Himmel endlich einer Eistemperatur und es wird hoffentlich unseren Schlittschuhläufern, wenn die unersättlichen Bierbrauer befriedigt sind, am Monrepos-See noch eine hübsche Eisdecke übrigbleiben. Seit 2 Tagen schon bewegen sich Eisfuhren zu den verschiedenen Toren unserer Stadt herein, um die arm gewordenen Eiskeller unserer Bierbrauer wieder zu füllen; eine wahre Wohltat gegenüber dem so bitter empfundenen Eismangel im abgelaufenen Jahr, wo dieses so notwendige Material kaum um teures Geld noch beschafft werden konnte. Der Eisbedarf wird im Gewerbe, im Haushalt, im Krankenzimmer usw. immer größer und die Winter in boshafter Weise immer milder. Für die Fuhrleute ist in dieser Jahreszeit das Eisführen eine besonders lohnende Beschäftigung."

Schon ein halbes Jahr vorher, im Mai 1884, bekam Adolf Fischer, Besitzer der Bierbrauerei in der Körnerstraße 14, regen Besuch von Kunden und Neugierigen. Allem Neuen aufgeschlossen und seiner Zeit voraus, hatte Bierbrauer Fischer in den Räumen seiner Brauerei eine Eismaschine in Betrieb genommen, die in der Tat Eistafeln über 150 Zentner an Gewicht pro Tag erzeugte. Dieser Eismaschine lag das „System Carré" zugrunde, das der Franzose Ferdinand Carré schon 1859 entwickelt hatte. Diese Kompressionskältemaschine, basierend auf Ammoniak, war auf der Londoner Weltausstellung 1862 ausgestellt und wurde dort allgemein bewundert.

Adolf Fischer verwendete für „sein Eis" reines Brunnenwasser aus der städtischen Wasserleitung. Die Eistafeln hatten daher ein kristallhelles und appetitliches Aussehen. Mindestens in seiner Brauerei gab es von da an jeden Sommer garantiert „kühles und frisches Bier".

W. Kern

Verboten! Verboten! Verboten! Verboten!

Verbote sind keine Erfindung der Gegenwart. Schon vor über 100 Jahren wurden in der Zeitung regelmäßig die Verbote der Stadt veröffentlicht. Am 14. April 1835 etwa. Da schon damals viele Menschen mit der Ausrede kamen: „Das habe ich nicht gewusst", wiederholte die Stadt Ludwigsburg regelmäßig ihre amtlichen Anordnungen.

Verboten ist und wird bestraft:

1) Das Bettensonnen auf freier Straße, mit Ausnahme der dazu bestimmten Plätze.

2) Das Aushängen der Wäsche zum Trocknen auf freier Straße, vor den Häusern, an den Fenstern oder auf Dächern gegen die Straße, sowie das Wäschetrocknen an den Weiden am Feuersee.

3) Das Ausschütten von gewöhnlichen Flüssigkeiten durch die Fenster auf die Straße.

4) Das Ausschütten von Nachtwasser auf die Straße.

5) Das Tabakrauchen auf freier Straße innerhalb der Stadtmauer.

6) Das Schlachten und Metzgen auf freier Straße und das Laufenlassen des Blutes vom kleinen Schlachtvieh auf die Straße.

7) Pferde und anderes Zugvieh dürfen nicht aufsichtslos auf der Straße gelassen werden, besonders wenn sie bespannt sind.

8) Das Galoppreiten und zu schnelle Fahren innerhalb der Stadt, namentlich um eine Straßenecke.

9) Das unnötige Knallen mit der Peitsche.

10) Das Fahren mit Handkarren und Wägelchen auf den Trottoirs.

11) Das Nichtbeleuchten von Baumaterialien, Wägen usw. auf den Straßen und Wegen.

12) Bei Dachreparaturen müssen Warnungszeichen auf der Straße ausgesteckt werden.

§ Verboten!

1) Das Bettensonnen auf freier Straße, mit Ausnahme der dazu bestimmten Plätze.

2) Das Aufhängen der Wäsche zum Trocknen auf freier Straße, vor den Häusern, an den Fenstern oder auf Dächern gegen die Straße, sowie das Wäschetrocknen an den Weiden am Feuersee.

3) Das Ausschütten von gewöhnlichen Flüssigkeiten durch die Fenster auf die Straße.

4) Das Ausschütten von Nachtwasser auf die Straße.

5) Das Tabakrauchen auf freier Straße innerhalb der Stadtmauer.

♦
♦
♦

KEHRWOCHE

W. Kern

13) Das Aushängen von Stockbrettern für Blumen vor den Fenstern ohne Erlaubnis.

14) Das Lärmen und Johlen auf den Straßen, wodurch die öffentliche Ruhe gestört wird.

15) Das Sitzen und Schaukeln auf den Ketten an der Schloss- und Stuttgarter Straße.

16) Das Hetzen der Kälber usw. durch Hunde, die nicht angeleint sind. Das in das Schlachthaus zu führende Vieh muss mit einem Fallstrick gefesselt sein.

17) Das freie Herumlaufen großer Hunde ohne Beißkorb.

18) Das Laufenlassen läufiger Hündinnen.

19) Während der Nachtzeit ist das freie Herumlaufen von Hunden jeder Gattung außerhalb der Wohnung und des geschlossenen Hofraums unbedingt verboten.

20) Das Auswerfen toter Hunde und Katzen oder anderer gestorbener Tiere auf die Straße.

21) Das freie Herumlaufen von Schweinen, Ziegen, Böcken, Gaisen, Gänsen, Enten und Hühnern in Zeiten, wo sie die Güter beschädigen können.

22) Das Nichteinsperren der Tauben in der Saatzeit.

23) Das Füttern des Zugviehs auf den Straßen, wenn nach vollendetem Füttern durch den Hauseigentümer nicht sogleich wieder gereinigt wird.

24) Das Weidenlassen von Haustieren, sowie das Grasabmähen auf Gemeindeplätzen und Feldwegen.

25) Das Ausschöpfen von Wasser aus den Brunnentrögen.

26) Das Verunreinigen des Wassers in den Brunnentrögen durch Salatwaschen, Fensterputzen und dergleichen.

27) Das Trinken von eingespanntem Vieh am Brunnen sowie das Anbinden und Waschen von Pferden und Wagen an den Brunnentrögen.

28) Das Kutschen-Waschen an den Brunnen, wenn dadurch der Wandel zum Brunnen oder die Benützung desselben gehindert oder sonst die Passage in der Straße erschwert wird.

29) Wenn Einer sich betrinkt, und hierdurch Ärgernis gibt (Sauf-Gulden).

30) Überschreitung der Polizeistunde (23 Uhr) in den Wirtshäusern.

31) Junge Leute unter 18 Jahren, welche in häuslicher Gemeinschaft mit ihren Eltern, Lehr- und Dienstherren leben, dürfen ohne Aufsicht oder Ermäch-

tigung derselben das Wirtshaus nicht besuchen. Schulkinder dürfen nicht allein zur Nachtzeit, aber auch nicht in Begleitung der Eltern oder sonstiger Angehöriger auf Tanzplätzen geduldet werden.

32) Alles Ärgernis erregende und ruhestörende Zechen in den Wirtshäusern, insbesondere an Sonn-, Fest- und Feiertagen während des Gottesdienstes.

33) Wer einen Wagen vor einem Wirtshaus oder anderem Haus ohne Aufsicht stehen lässt.

34) Die unterlassene Reinigung vor den Häusern am Mittwoch und Samstag, wozu auch das Grasen, so oft es nötig ist, gehört. Bei Schnee und Glatteis muss vor dem Hause gebahnt bzw. gestreut werden.

35) Das Reinigen der Kloake und ähnlicher Gestank verbreitenden Behältnisse sowie das Abführen des Inhalts derselben vor nachts 11 Uhr und morgens im Sommer nach 4 Uhr, im Winter nach 7 Uhr.

36) Das Dungführen am Samstagnachmittag von 12 Uhr an.

37) Das Ausschütten des Brennwassers oder Zwetschgentröbers, welches einen üblen Geruch verbreitet.

38) Das Aushängen von Lederhäuten gegen die Straße.

39) Fuhrleute, welche Tierhäute in rohem Zustand oder frisch gegerbt und zu anderen Zwecken bestimmte rohe tierische Überreste befördern, müssen dieselben dicht und vollständig einhüllen, so dass der Gegenstand der Ladung nicht fühlbar ist und so wenig als möglich durch seine Ausdünstung bemerkbar ist.

40) Von unehelichen Schwangerschaften haben Eltern, Vormünder, Dienstherrschaften und Hausvermieter rechtzeitig Anzeige zu machen.

41) Das Betreten fremder Grundstücke, das Salatstechen und Grasen auf denselben, sowie das Reiten und Fahren auf Feldwegen und auf fremden Gütern zu jeder Jahreszeit.

„Lieber Freund, bei Nacht lass uns schlafen"

Stadt bedeutet Lärm. Das war vor 150 Jahren nicht anders als heute. Allerdings bedeutete Ruhestörung für die Menschen im 19. Jahrhundert oft etwas anderes: Zum Beispiel, wenn in der Bauhofstraße nachts Schweine verladen wurden. Oder wenn der Postillion mitten in der Nacht sein Horn blies.

Seit jeher ist Lärm untrennbar mit dem Menschen und seinen Aktivitäten verbunden. Mit zunehmender Industrialisierung und Motorisierung hat der Lärm immer mehr zugenommen. Schon die Menschen im 19. Jahrhundert hatten unter Lärm zu leiden.

Die Zeitung berichtete schon damals immer wieder von Ruhestörungen, meist in den Nächten, während es tagsüber kaum zu Beschwerden kam.

Das Klappern der Pferdehufe oder das Quietschen der Fuhrwerke mit ihren eisenbeschlagenen Holzrädern wurden nicht als störend empfunden, das gehörte dazu. Unterwegs in den Straßen stolperte man über Hühner, Gänse, Enten, Ziegen und Geißen, die vielfach ohne Aufsicht herumliefen, was natürlich nicht erlaubt war und mit einem Gulden Strafe geahndet wurde. Das Wie-hern der Pferde, das Bellen der Hunde, das Geschnatter des Federviehs, alles trug zur täglichen Geräuschkulisse bei.

1879 gibt es 124 Wirtschaften und Gasthäuser in Ludwigsburg

Dazu mischten sich menschliche Laute. Spielende und schreiende Kinder auf allen Straßen, in und aus allen Ecken hörte man es klopfen, dengeln, hämmern. In den Handwerksbetrieben arbeiteten Schmiede, Wagner, Schlosser, Küfer und Schuhmacher, sicher oft fluchend und schimpfend. Selbst die Eisenbahn, die seit 1846 Ludwigsburg mit der Welt verband, gab keinen Anlass zur Beschwerde, wenigstens wurde davon nichts in der Zeitung berichtet.

Doch gegen den Lärm waren auch die Ludwigsburger des 19. Jahrhunderts nicht immun. Es war der Lärm in den Nächten, der den Bewohnern gewaltig auf die Nerven ging.

Besonders die vielen Gasthäuser und Wirt-

33

schaften waren der Grund für Beschwerden der Einwohner. Wie viele Einwohner statistisch gesehen auf jede Wirtschaft kamen, hat ein Ludwigsburger im Mai 1880 ausgerechnet und in unserer Zeitung veröffentlicht: „Im Jahr 1879 waren laut Adressbuch 124 Wirtschaften geöffnet, während die Stadt 14 709 Einwohner inklusive des Militärs zählt; es kommt also auf 118 Einwohner eine Wirtschaft. Unter diesen 14 709 Einwohnern sind aber: 2761 Kinder unter 14 Jahren; 1964 über 14 Jahre, alte ledige Frauenzimmer; 514 Witwen, 16 geschiedene Frauen. Es bleiben demnach übrig, Mannspersonen über 14 Jahre, inclusive des Militärs 7738. Gering angeschlagen sind hierunter aber doch auch noch etwa 1000 Mann, die keine Wirtschaft besuchen (Jünglinge zwischen 14 und 15 Jahren, Zuchthausgefangene, Kranke und Gebrechliche), man wird deshalb annehmen dürfen, dass etwa 6738 ‚trinkbare Leute‘ hier sind, oder 54 Gäste für eine Wirtschaft.“

Nichts wäre zu beanstanden, wenn die Besucher der Wirtschaften sich an die Regeln gehalten hätten.

Der sogenannte Saufgulden, „wenn Einer sich betrinkt, und hierdurch Ärgernis gibt“, hielt kaum jemanden vom übermäßigen Trinken ab.

Unzumutbare Ruhestörung und Kritik an der Polizei

Auch wenn die Überschreitung der Polizeistunde (nach 23 Uhr) in den Wirtshäusern mit drei Gulden 15 Kreuzern bestraft wurde, bewirkte dies ebenso wenig die Einhaltung der Gesetze. Ein Ludwigsburger Bürger, der „lange mit sich zurate ging, ob er in dieser Richtung

den Weg der Öffentlichkeit betreten solle, aber seine Erfahrungen in letzter Zeit machen dies zur gebieterischen Notwendigkeit", beschwerte sich in der Zeitung im Mai 1873 „über die unzumutbaren Ruhestörungen sowie über die Unzulänglichkeit der hiesigen Polizei. Früher gab es eine Polizeistunde, das heißt, es wurden Wirtschaften, wo es nicht selten bis tief in die Nacht gar zu geräuschvoll herging, von Seiten der Polizei scharf ins Auge gefasst. Es ging daraus hervor, dass die Polizei sich ihrer moralischen Verpflichtung, die Einwohnerschaft vor Ruhestörungen, die gar oft einen wilden Charakter annahmen, zu schützen, bewusst war. Und wie ist es jetzt? Kann es gerechtfertigt erscheinen, wenn in gewissen Wirtschaften oft bis nachts 12 bis 1 Uhr und darüber, wir sagen nicht gesungen, sondern gelärmt und geschrien wird, so dass die ganze Nachbarschaft zu keiner Ruhe kommen kann? Ist denn die Polizei dazu da, alles gewähren zu lassen, statt dass sie, wo es notwendig erscheint, energisch auftritt?"

Wenn das wüste Treiben und Lärmen in den Wirtshäusern und danach auf den Straßen in später Nacht endlich ein Ende nahm, war es der Postillion, der die Schlafenden um ihre Nachtruhe brachte. Ein Bürger formulierte daraufhin am 1. Februar 1843 in der Zeitung: „Der Postillion, welcher in der Nacht vom Dienstag auf Mittwoch die Bewohner der Schlossstraße mit seiner Kunstfertigkeit auf dem Posthorn entzückte, bläst recht brav, und die Mühe, welche es ihm gekostet haben mag, es so weit zu bringen, verdient alle Anerkennung; – aber – Alles zu seiner Zeit, blase bei Tag wackerer Künstler, bei Nacht aber, lieber Freund, bei Nacht lass uns schlafen."

Von einer weiteren Lärmbelästigung wird am 2. August 1879 aus der Bauhofstraße ebenfalls in der Zeitung berichtet: „Vorgestern Abend zwischen 11 und 12 Uhr wurden die Bewohner der Bauhofstraße von ihrer Nachtruhe in auffallender Weise dadurch gestört, dass ein Metzger aus Stuttgart in Nr. 41 bei Ökonom Wilhelm Schweitzer 5 Schweine in Empfang nahm und auf sein Fuhrwerk verfrachtete. Es war zu bedauern, dass bei diesem Unfug, durch welchen so viele Personen in ihrer Nachtruhe gestört wurden, niemand von Seiten der Polizei anwesend war, um denselben zu steuern. Einer für Alle."

Die schillernden Schwestern Sanboeuf

Im 19. Jahrhundert sorgte ein begabtes Schwesternpaar für Aufsehen in Ludwigsburg. Die beiden versorgten nicht nur die betuchten Bürger und Adligen mit der neuesten Mode. Bertha und Pauline Sanboeuf waren auch begnadete Sängerinnen. Als Katholikinnen durften sie sogar in der evangelischen Kirche singen - was damals unvorstellbar war.

Der Name Sanboeuf ist für Ludwigsburg recht ungewöhnlich. Unter welchen Umständen die Familie Sanboeuf Ende des 18. Jahrhunderts in die Stadt kam, ist heute leider nicht mehr bekannt. Italienischen und französischen Namen begegnete man in Ludwigsburg des Öfteren – meistens Nachfahren, der in der Zeit der Erbauung des königlichen Schlosses in Ludwigsburg zugezogenen italienischen Fachleute. Daneben gab es in den Anfangstagen Ludwigsburgs auch Verflechtungen mit Frankreich und dem französischen Gedankengut.

Joseph Nikola Sanboeuf, geboren 1781, war verheiratet mit Friederike Louise Rosine, geborene Hess. Ihre Töchter hießen Bertha und Pauline. Die beiden haben sich in Ludwigsburg auf verschiedene Weise einen Namen gemacht. Die Familie gehörte zu den wenigen Katholiken, die damals in Ludwigsburg zu Hause waren.

Der Vater lässt seine Töchter zu Putzmeisterinnen ausbilden

Vater Sanboeuf, durch vielerlei mehr oder weniger glückliche Tätigkeiten in Ludwigsburg und Oßweil bekannt, legte großen Wert auf die Ausbildung seiner Töchter. Durch die Aufnahme der Modistin Demoiselle Sophie Keller aus Straßburg in seine Wohnung ermöglichte er die Ausbildung der Töchter zu selbstständigen sogenannten Putzmeisterinnen. Unter der Anleitung der Demoiselle Keller wurden „alle in das Fach der Mode und des Putzes einschlagende Artikel auf das Geschmacksvollste und Modernste zu billigen Preisen verfertigt, wozu die neuesten Modelle und Zeichnungen stets aus Frankreich bezogen wurden".

Der Begriff Putz war damals die gängige Bezeichnung für modische Frauenausstattung, die das Angebot von Hüten über Kleider und Pelerinen, von Unterkleidern bis zu den Strümpfen abdeckte. Bei solch ausgebilde-

ten Putzmeisterinnen, lernten die Damen, sich aufs Vorteilhafteste „herauszuputzen".

Im Frühjahr 1830 machte sich Bertha Sanboeuf selbstständig und eröffnete ein Putzgeschäft erst in der Schlossstraße 19, welches sie über mehrere Jahre betrieb, und bezog 1839 das elterliche Haus in der Seestraße 3.

Zu dieser Zeit gab es noch keine Nähmaschinen, alle Kleidungsstücke mussten von Hand gefertigt werden. Pauline Sanboeuf stand ihrer Schwester Bertha, auf die das Putzgeschäft angemeldet war, zur Seite. Die sich laufend ändernden Ansprüche der Mode forderten für beide Schwestern weitere Fortbildungen, damit sie im Stande waren, den Anforderungen der Mode für jede Saison zur Genüge nachkommen zu können. Nun, Bertha und Pauline Sanboeuf gaben ihr Bestes, dem Modetrend der Zeit gerecht zu werden, und das mit großem Erfolg.

Was die beiden Schwestern weiterhin auszeichnete, waren ihre schönen Stimmen. Bertha war mit einem herrlichen Sopran ausgestattet und Pauline überzeugte mit einer wohlklingenden Altstimme. Ihnen ist zu verdanken, dass es in Ludwigsburg nicht nur einen Männer-Liederkranz gab, sondern mit dem unermüdlichen Einsatz der beiden Frauen wurde 1839 ein „Frauenzimmer-Liederkranz" gegründet. Donnerstagabend, 20 Uhr, trafen sich die Damen in der Mädchenschule zur Übungsstunde unter Leitung des Lehrers Gentner, der auch den Männer-Liederkranz betreute.

In den nächsten Jahren wurde für Bertha und Pauline der Gesang zur Hauptbeschäftigung. Mehrere Monate nahmen sie Unterricht beim Stuttgarter Hofsänger Krebs und bildeten dabei nicht nur ihre Stimmen weiter aus, sondern erlangten zudem die Befähigung, Gesangsunterricht geben zu können.

Im Mai 1843 annoncierten sie in der Zeitung: „Wir sind durch unser Studium in Stuttgart befähigt, Töchter gebildeter Stände und jedes Alters methodischen Unterricht im Gesang mit Klavierbegleitung zu erteilen, unter der Versicherung, dass wir uns nach Kräften bestreben werden, dem Vertrauen der Eltern, welche uns ihre Kinder übergeben, zu entsprechen."

Ein besonders herausragendes Gesangserlebnis bereiteten die beiden Schwestern Sanboeuf den „Freunden der Kirchenmusik" am Karfreitag, 25. März 1842, in der katholischen Kirche auf dem Marktplatz, als das „Stabat mater" von Pergolesi für zwei Solostimmen (Sopran und Alt), Streicher und Basso continuo, aufgeführt wurde.

Vor der Kirche drängen sich die Leute – jeder wollte die beiden hören

Die Würdigung in der Zeitung blieb nicht aus. „Wer am Karfreitag-Nachmittag dem Gottesdienst in der katholischen Kirche anwohnte, kann gewiss den Verdienst der beiden Fräuleins Sanboeuf, die das ‚Stabat mater' von Pergolesi sangen, seine lebhafte Anerkennung nicht versagen. Und in der Tat gebührt ihnen umso mehr der Dank der Freunde des Kirchengesangs, als sie, um ihre von Natur so harmo-

nischen Stimmen zu erhöhen, ein persönliches Opfer gebracht und mehrere Tage in Stuttgart unter der Leitung des Hofsängers Krebs diese herrliche Tondichtung eingeübt haben. Bei der Aufführung selbst hatte eine Masse von Landleuten und Kindern den Vorhof und die unteren Räume der Kirche eingenommen, so dass es fast unmöglich war, durch diese lebendige Mauer durchzudringen, und viele sich auf diese Weise von dem Genuss ausgeschlossen sahen, auf den sie sich herzlich gefreut hatten. Deshalb wäre es zu wünschen, wenn es den beiden Fräuleins Sanboeuf gefallen wollte, etwa in einer Abendstunde der nächsten Tage den Gesang zu wiederholen."

Dem Wunsch wurde alsbald entsprochen. Nach diesem Erfolg wurden die beiden Schwestern, trotzdem sie katholisch waren, auch in evangelische Kreise eingeladen. Und das sollte etwas heißen, in der damaligen protestantisch geprägten Stadt Ludwigsburg!

Von Sütterlin zur lateinischen Schrift

Auch im 19. Jahrhundert war das Thema Schreib-schrift schon heiß diskutiert. Schönschreiben oder Stenografie standen hoch im Kurs. Damals schrieb man in der Deutschen Kurrentschrift. Erst Anfang des 20. Jahrhunderts folgte Sütter-lin und dann schließlich die lateinische Schrift, die bis heute gilt.

Die Handschrift bringt die Gedanken zum Flie-gen… dieser schöne und sinnige Satz stammt von der Kinderbuchautorin Cornelia Funke, einer Verfechte-rin der Handschrift. Heute wird befürchtet, dass sich das Kulturgut Handschrift durch die technischen Er-neuerungen, Computer und Co. immer mehr auflöst. So wie die Schreibmaschine den Federkiel ersetzt hat, ersetzt nun die Tastatur den Füller, wir verlernen das Schreiben und die individuelle Handschrift geht immer mehr verloren – so die Befürchtung.

Die deutsche Schreibschrift entwickelte sich im Laufe der Jahrhunderte in verschiedensten Formen bis zur heutigen lateinischen Schrift. Im 19. und frühen 20. Jahrhundert war die Deutsche Kurrent-schrift – eine zügig geschriebene Schreibschrift – die

gebräuchliche Verkehrsschrift in Deutschland und wurde in dieser Form an den Schulen gelehrt. Wenn wir heute dieses Schriftbild sehen, heißt es oft: Das ist Sütterlin! Ganz falsch ist das nicht.

Schon damals wurde in den Schulen auf die Schrift geachtet

Die Sütterlinschrift bezeichnet eine überarbeitete Schreibweise der Kurrentschrift, die vom Pädagogen Ludwig Sütterlin 1911 entwickelt wurde. Um das Schreibenlernen in den Schulen zu erleichtern, vereinfachte Sütterlin die Form der Buchstaben, setzte die Buchstaben gerade und verringerte die Ober- und Unterlängen. Diese veränderte Schrift wurde ab 1920 in den Schulen verbindlich und flächendeckend eingeführt und löste die Kurrentschrift ab.

Im Kriegsjahr 1941 wurde der Sütterlinschrift durch die Nationalsozialistische Deutsche Arbeiterpartei (NSDAP) ein trauriges Ende bereitet. Die Partei, allen voran Martin Bormann, kam auf die krude Vorstellung, dass die sogenannte deutsche Schrift gar keine deutsche Schrift sei, sondern mit dem Aufkommen des Buchdrucks von jüdischen Buchdruckern eingeführt wurde.

Mit dieser haarsträubenden Begründung erklärte er daher im Januar 1941 die lateinische Schrift zur Normschrift im gesamten Schriftwesen und im Schulunterricht.

Doch in privaten Schreiben, Briefen oder in der Feldpost wurde weiterhin in Sütterlin geschrieben. Das brachte ein echtes Problem mit sich. Die damalige Jugend wurde mit der lateinischen Schrift vertraut gemacht, die ältere Generation blieb hingegen weiterhin der alten Schreibweise treu. Deshalb können viele Menschen die schriftlichen Hinterlassenschaften, Notizen und Briefe ihrer Eltern und Großeltern nicht mehr entziffern.

Während der Besatzungszeit nach Kriegsende etwa durften keine Briefadressen in Sütterlinschrift verfasst werden, da die Franzosen, Amerikaner oder Engländer die Schrift nicht lesen konnten.

Was das für die älteren Leute bedeutete, zeigt sich in einem privaten Brief von 1946: „Vaihingen, den 7. April 1946. …jetzt müssen wir die Adressen in Lateinisch schreiben und ich bringe es nicht recht fertig, deshalb bin ich zu Fritz rüber, damit er mir die Briefadresse richtig schreibt, damit Dich meine Briefe auch erreichen…"

Zurück ins 19. Jahrhundert: In den Schulen wurde großer Wert auf ein gutes Schriftbild gelegt. Es gab Unterricht im Schönschreiben und Benotung im Zeugnis. Nicht nur Schüler erhielten Anleitungen zum Schönschreiben, es gab auch für Erwachsene Angebote, ihr Schriftbild zu verbessern. Im Juni 1890 warb eine Annonce in der Zeitung für einen „Schönschreib-Unterricht für Erwachsene: Der Vorzug einer sicheren, kulant schönen Handschrift ist in gegenwärtiger Zeit, wo alles danach strebt, das Nützliche mit dem Angenehmen zu verbinden, für den Kaufmann, Beamten, Industriellen, überhaupt für jedermann, nicht allein eine Annehmlichkeit, sondern nachgerade eine Notwendigkeit geworden. Herr Gander aus Stuttgart, als Schreiblehrer weit bekannt und geschätzt, wird am nächsten Mittwoch in hiesiger Stadt, Aspergerstraße 14, einen Schönschreibkursus beginnen, und es bedarf wohl nur dieses Hinweises, um Herrn Gander aufs Neue zu beweisen, wie sehr er sich durch seine wirklich gediegenen Leistungen bereits die Anerkennung und das Vertrauen des hiesigen Publikums erworben hat."

Zu gleicher Zeit hielt auch die Stenografie Einzug in Ludwigsburg. Ein Stenografenverein wurde gegründet, der bald mehr als 100 Mitglieder zählte. Schnell war der große Nutzen erkannt, den die Stenografie für alle Berufsarten mit sich brachte. Wie alle Kunst verlangt auch die Stenografie viel Ausdauer und Übung. Doch wo bot sich den Lernenden die Möglichkeit, gesprochenes Wort in Kurzschrift aufzuzeichnen?

Zwei Männer üben in der Kirche – der Pfarrer wirft sie hinaus

Ein paar junge Männer kamen im Februar 1899 auf die kuriose Idee, ihre Übungsstunde in die Ludwigsburger Stadtkirche zu verlegen. Der dadurch verursachte Ärger ließ nicht lange auf sich warten. Die Zeitung berichtete damals ausführlich über den skandalösen Vorgang: „Wie waren die Besucher des Gottesdienstes in der Stadtkirche erstaunt, als bei Beginn der Predigt zwei junge Anhänger der Stenografie ganz ungeniert ihre Hefte herauszogen, um stenografische Übungen mit der Predigt zu machen? Dies verursachte eine ungeheure Aufregung und wir können deshalb das Vorgehen unseres Geistlichen nur billigen, der den beiden zurief: ‚Ich bitte die Herren da drüben, die sich mit Schreiben beschäftigen, die Kirche zu verlassen, denn ihr seid ja doch nicht da, um Gottes Wort zu hören.' Es wurde mit Befriedigung aufgenommen, als die beiden Herren dieser Aufforderung nachkamen. Alle Hochachtung vor der Stenografie und ihren Anhängern, aber ein solcher Unfug sollte nicht stattfinden! Die Kirche ist keine Schulstube für Stenografie, sondern ein Bethaus."

Zigarrenspitzen für die Nächstenliebe

1873 kam ein Ludwigsburger auf die Idee, Zigarrenspitzen für einen wohltätigen Zweck zu sammeln. Mit seiner Tatkraft überzeugte er die ganze Stadt. Kiloweise wurden fortan Zigarrenspitzen gesammelt und verkauft. Das Geld kam armen Konfirmanden zugute.

Wahrscheinlich können sich heute noch einige Leser an die amerikanische Besatzungszeit nach 1945 erinnern. Im Rückblick steigen noch immer die Bilder auf von Schokolade, Kaugummi, Orangen und Zigaretten, Luxuswaren, von denen die Menschen damals nur träumen konnten.

Zu den Kindern waren die Amerikaner sehr spendierfreudig, was viele Kinder auch ausnutzten und für die ganze Familie Nachschub organisierten. Das Interesse der Väter galt hauptsächlich den Zigaretten. Da die Amerikaner selbst viel rauchten und man somit ganze Zigaretten selten geschenkt bekam, zogen die Kinder oft durch die Straßen und suchten nach Zigarettenkippen. Daheim wurden sie feinsäuberlich abgeschnitten, der Tabak gesammelt und aus Zeitungspapier wurden neue Zigaretten gedreht.

Es war für die Kinder eine lohnende Arbeit, die ihnen besonders vom Vater Lob und Anerkennung einbrachte.

Tabak war nicht nur in der Nachkriegszeit, sondern auch schon davor ein begehrtes Genussmittel. Im 19. Jahrhundert kannte man noch keine Zigaretten. Neben der beliebten Tabakspfeife wurden Zigarren geraucht. Schon 1832 verkaufte der Kaufmann Albert Schmid in der Asperger Straße 7 echte Havanna-Zigarren aus dem Hause Barthels & Comp. in Bremen. Die wurden „den Herren Rauchern als ganz vorzüglich empfohlen".

Das Rauchen von Zigarren brachte es im 19. Jahrhundert schnell zu einem ähnlichen Kult wie schon zuvor das Rauchen der Tabakspfeife. Das zeigte sich damals in den Anzeigen in der Zeitung, in denen die unerlässlichen „Zutaten" wie Zigarren-Mundspitzen in Silber, Bernstein und Emaille angeboten wurden. Es gab damals auch eine mannigfaltige Auswahl an Zigarrendosen, die aus feinstem Leder, Elfenbein und ebenfalls aus Bernstein gearbeitet waren.

Die Nachfrage nach Zigarren war so groß, dass sich schon 1845 ein Kölner Zigarrenmacher, Johannes Linnarz, in Ludwigsburg etablierte. Anfang 1860

eröffnete hier Friedrich Rummetsch die erste Zigarrenfabrik, in der auch Mädchen als Wicklerinnen beschäftigt wurden.

Bei einem Preiskegelschieben im Wintermantel'schen Garten am Osterholz-Tor wurden damals feine Zigarren verschiedener Sorten als Gewinne geboten.

Bevor eine Zigarre geraucht werden kann, muss erst das Kopfende geöffnet werden. Die Zigarren im 19. Jahrhundert waren überwiegend handgerollt und mussten deshalb angeschnitten werden. Dafür gab es im Fachhandel spezielle Zigarrenschneider und Zigarrenscheren. Für die edlen Havanna-Zigarren wurde sogar ein Zigarrenbohrer gebraucht.

Jede Zigarre hinterließ somit einen kleinen Tabakschnipsel, der meist achtlos weggeschnippt wurde oder im Aschenbecher landete.

Im Jahr 1873 machte sich der Privatier Fees, ein wohltätiger, umsichtiger und verantwortungsvoller Mann von der Lindenstraße 10, ganz besondere Gedanken. Er kam auf die Idee, diese kleinen Tabakschnipsel zu sammeln, um aus diesem Abfallprodukt Schnupftabak herstellen zu lassen. Den Erlös wollte er für wohltätige Zwecke verwenden.

Schon bald, im Januar 1874, konnte die Zeitung über den großen Erfolg dieses „Wohltätigkeits-Werks" berichten: „Schon seit längerer Zeit unterziehen sich hier Damen und Herren der Aufgabe, mit ganz besonderer Aufmerksamkeit die abgeschnittenen Spitzen der Zigarren zu sammeln, dieses für die Schnupftabakzubereitung willkommene Material zu veräußern und den Erlös zu wohltätigen

Zwecken zu verwenden. Was bei dem großen Konsum von Zigarren durch solche Tätigkeit bisher geleistet wurde, d. h. welcher verhältnismäßig bedeutende Ertrag aus einem Gegenstand erzielt werden kann, der von den meisten Konsumenten weggeworfen wird, ist kaum glaublich! Ein eifriger Beförderer dieser Art von Wohltätigkeitssinn hat uns eine statistische Zusammenstellung mitgeteilt über die Möglichkeit der Quantität, die bei einem noch sorgfältigeren Sammeln in hiesiger Stadt allein erzielt werden könnte und dass es durch die Veräußerung derselben sehr leicht möglich wäre, zum Mindesten, wie an anderen größeren Orten üblich, einige ärmere Kinder für die Konfirmation mit Kleidern auszustatten."

Natürlich erreichte diese Aktion nicht alle zigarrenrauchenden Ludwigsburger, viele waren zu bequem, die Abschnitte zu sammeln und dann auch noch Herrn Fees in der Lindenstraße aufsuchen zu müssen. Doch entgingen diese untätigen Zigarrengenießer nicht den Damen und Herren, die sich dieser Aktion verpflichtet fühlten. Die Zigarrenraucher wurden fortan aufmerksam beobachtet und dann freundlich zurechtgewiesen und ihre Bemühungen trugen im Laufe der Jahre immer mehr Früchte.

Im April 1875 wurden über 45 Kilogramm dieses anscheinend wertlosen Materials gesammelt. Der Verkauf brachte den Betrag von 17 Gulden 50 Kreuzern ein. Das Geld wurde den Pfarrämtern zur Unterstützung armer Konfirmanden ausgehändigt.

Als Herr Fees altershalber die Annahme der Sammlungen nicht weiterführen konnte, übernahm im April 1880 der Gemeinderat W. Dieterich, Wilhelmstraße 15, dieses Amt.

Es gab natürlich auch Nichtraucher in Ludwigsburg, besonders Frauen, die sich dieser Aktion verpflichtet fühlten und Geld spendeten. Die Redaktion der Ludwigsburger Zeitung beteiligte sich ebenfalls. Sie veröffentlichte sämtliche Annoncen unentgeltlich.

Am 11. April 1880 gab der Gemeinderat Dieterich zu Protokoll: „Den freundlichen Sammlern von Zigarrenspitzen wie den Spendern von Geld, der verehrlichen Redaktion für unentgeltliche Aufnahme, sage ich den herzlichsten Dank. Für verkaufte Zigarrenspitzen habe ich 17,40 Mark eingenommen. An barem Geld 53,76 Mark, welche ich den Herren Geistlichen zur Verteilung an die bedürftigsten Konfirmanden übergab. Ich bin auch ferner zur Übernahme von Zigarrenspitzen und Geld für diesen wohltätigen Zweck gerne bereit. W. Dieterich."

Verschiedene Wirtshäuser schlossen sich ebenfalls dieser Aktion an und stellten in ihren Gaststuben Büchsen auf mit der Aufschrift „Jede Gabe ist willkommen. Für arme Konfirmanden."

Die Zigarrenspitzen-Sammlung wurde in den folgenden Jahrzehnten – mit zunehmendem Erfolg – fortgeführt.

Vom Badezuber zum Stadtbad

Sauberkeit und Hygiene setzen sich erst im 19. Jahrhundert langsam in der Bevölkerung durch. Mit den ersten Badeanstalten ab 1824 sorgen sich auch die Ludwigsburger zunehmend um ihre Reinlichkeit. Der Zuspruch wird immer größer, bis Ende des 19. Jahrhunderts die Rufe nach dem Bau eines Stadtbads immer lauter werden.

Schon in den antiken Hochkulturen wurde gern gebadet. Dagegen mutet es befremdlich an, dass hierzulande im 18. Jahrhundert die Meinung vertreten wurde, Wasser schade dem Körper. Erst zu Anfang des 19. Jahrhunderts änderte sich diese Einstellung. Auch wenn es noch kein fließendes Wasser gab und das kostbare Nass vom Brunnen geholt werden musste, hielt die Badekultur immer mehr Einzug in den bürgerlichen Häusern. Zudem war in Ludwigsburg die Nähe zum königlichen Schloss von Vorteil. Bei öffentlichen Auktionen konnten Toilettenartikel manchmal zu Schnäppchenpreisen gekauft werden.

So hieß es am 4. November 1823 in der Zeitung: „Öffentliche Auktion im königlichen Schloss u. a....

Bidets, spanische Wände, holzene Badezuber..."

Auch der Ludwigsburger Kübler Heinrich Paar, der in der Lindenstraße 27 wohnte, erkannte früh den neuen Trend und bot schon im Sommer 1823 Badezuber für monatlich einen Gulden und 12 Kreuzer zur Miete an.

Im Mai 1824 eröffnete die Witwe des Hofgürtlers August Franke in der Stuttgarter Straße 52, „mit höchster Genehmigung" in ihrem Haus die erste öffentliche Badeanstalt in Ludwigsburg. Als Frau und Witwe wagte sie diesen mutigen

Schritt mit dem Wissen um „den wohltätigen Einfluss der Bäder auf die Gesundheit der Menschen" und der Hoffnung, „dass ihr Unternehmen reichlich Zuspruch finden werde, da sie bestrebt sein wolle, durch Reinlichkeit, möglichst billige Preise und anständige Behandlung jeder Erwartung zu entsprechen". Schließlich bemerkt sie noch, dass „auf Verlangen Erfrischungen gegeben werden und empfiehlt diese neue Anstalt der freundlichen Teilnahme des verehrten Publikums bestens."

Ein Bad bei ihr kostete 16 Kreuzer, das Trinkgeld betrug drei Kreuzer und für ein Tuch verlangte sie zwei Kreuzer. Frau Franke durfte sich tatsächlich eines großen Zuspruchs erfreuen, denn den ganzen Sommer über waren die Bäder ausgebucht. Das vorzügliche Quellwasser, die hohen Badezimmer, die Reinlichkeit der Zuber, der Duft von Seifen mit den klingenden Namen „Windsor" und „Savon transparente" sowie Mandelseifen, empfanden die Badegäste als sehr angenehm. Altershalber musste sie ihre Badeanstalt aber schon im Jahr 1827 wieder aufgeben.

Doch ihre Anhänger und die Freunde sauberer Leiber brauchten auf die geliebten Bäder nicht zu

verzichten. Sie fanden ein neues Lokal – den 1826 eröffneten Badgarten. Brunnenmacher Gottlob Lutz hatte in seinem großen Garten ein modernes Badehaus gebaut, außergewöhnlich für die damalige Zeit.

Stadtbad

Das Badewasser aus einer Mineralquelle im Garten wurde durch eine Wasserleitung und mit Hilfe zweier Pumpwerke in die kupfernen Wärmekessel im Untergeschoss des Hauses geleitet. Sämtliche Badewannen in den Badekabinetten im ersten Stockwerk waren mit Wasserhähnen versehen, durch welche warmes oder kaltes Wasser eingelassen werden konnte. Dazu der schöne Wirtschaftsgarten, der als besonderer Vorzug dieses Bades betrachtet werden darf.

Überall locken zunächst privatwirtschaftliche Bäder

Neben dem Badgarten eröffneten in den späteren Jahren noch zwei weitere Badeanstalten. Vom Carlsbad im Englischen Garten, Asperger Straße 49, das Carl Usenbenz 1869 eröffnete, heißt es in unserer Zeitung von damals: „Dieses Bad ist auf das Komfortabelste eingerichtet, was von allen, die dieses Etablissement benützt haben, einstimmig anerkannt wurde. Der wirklich prachtvoll angelegte Garten ist in der Tat geeignet, an schönen Tagen auch von Fremden besucht zu werden."

Die Badeanstalt im Englischen Garten entwickelte sich mit der Zeit zu einem anerkannten Gesundheitsbad. Von morgens 6 Uhr bis abends 21 Uhr gab es kalte und warme Bäder in neu eingerichteten Marmorbassins. Nach Verordnung der Ärzte konnten die Gäste in Sole-, Schwefel-, Soda-, Kiefernadeln- und Stahl-Bädern gesunden.

Ebenfalls 1869 errichtete Badinhaber Rivinius (früher Badgarten) eine Badeanstalt in der Schillerstraße

6. Mit „13 Badkabinetten in 3 verschiedenen Formen, Bassins, Blechwannen und Holzwannen und 2 Kabinetten mit Einrichtung für türkische und russische Dampfbäder" hoffte er auf den Zuspruch des badefreudigen Ludwigsburger Publikums – und erhielt ihn auch.

Gegen Ende des 19. Jahrhunderts wurde der Wunsch nach einer öffentlichen Bade- und Schwimmanstalt dann auch in Ludwigsburg immer dringlicher. Ein Leser der Zeitung nahm sich dieses Themas im Juli 1893 an und schrieb einen Leserbrief: „Es wird wohl niemand bestreiten, dass hier ein dringendes Bedürfnis für ein größeres, gut eingerichtetes Bad existiert, und da die Wasserfrage durch das neue Werk bei Hoheneck als gelöst zu betrachten ist, so dürfte es sich nur um einen passenden Platz und das nötige Kleingeld handeln, was durch die bekannte Opferfreundlichkeit unserer Einwohner leicht aufgebracht werden dürfte. Auch unsere Jugend würde es gewiss mit großer Freude begrüßen, wenn ihr nicht nur an heißen Sommertagen, sondern bei jeder Witterung Gelegenheit zum Schwimmen geboten wäre, und darüber, welch großen hygienischen Wert Baden und Schwimmen hat, braucht nichts weiter gesagt werden."

Dieser Wunsch erfüllte sich 1897 durch „letztwillige Verfügung des verstorbenen Fabrikanten Gustav Franck". Die Stadt Ludwigsburg erhielt zur Errichtung eines städtischen Volksbades 20 000 Mark. 1907/08 wurde der Bau errichtet.

Heute ist das Stadtbad in der Alleenstraße schon längst wieder Geschichte. In dem Jugendstilgebäude ist eine Schulmensa untergebracht.

Kein Quartier der Titel und Würden!

Die Untere Stadt hat schon immer mit ihrem Image zu kämpfen. Das ist heute nicht anders als im 19. Jahrhundert. An Selbstbewusstsein hat es den „Thälesbewohnern" dabei aber nie gefehlt. Auf Missachtung folgte stets Gegenwehr.

Am 14. Juni 1876 entlud sich ein schweres Gewitter mit wolkenbruchartigem Regen unmittelbar über Ludwigsburg. Wer am nächsten Tag die Zeitung in Händen hielt, konnte darin lesen, welche Verwüstung die herabstürzenden Wassermassen an diesem Abend im „Thäle" angerichtet hatten. Nicht nur wurden Keller überflutet, Gemüsegärten verwüstet, sondern das Wasser lief in verschiedene Häuser, überzog den Inhalt der Kästen und Spinde mit Schlamm, in einer Waschküche mussten sich die Wäscherinnen auf den Herd flüchten. Über eine Stunde lang war der Gang durch die Straßen unmöglich. Besonders hart traf es die Talstraße mit ihren unglücklich verlegten Wasserkandeln, schon lange unter dem vulgären Namen „Eilfkandelgasse" (Elfkandelgasse) abgestempelt.

„In Anbetracht dessen, dass schon einige Jahre lang bei jedem nur einigermaßen starken Regen die Überschwemmungen im ‚Thal-Stadtteil' konstant sind, wiederholen die Bewohner desselben ihre Schmerzensrufe um baldige radikale Abhilfe und wenden sich an die Väter der Stadt, dass sie diesen berechtigten Klagen kein stiefväterliches Gehör mehr schenken, ehe noch größerer Schaden entsteht; zumal sich dieselben, wenn auch das Tal nicht das ‚Quartier der Titel und Würden' ist, so findet der Steuerzettel den Weg doch dahin", so die Beschwerde in unserer Zeitung damals.

Doch was ist unter dieser Bezeichnung zu verstehen? Die Untere Stadt ist der älteste Stadtteil von Ludwigsburg. Hier errichteten Bauleute, die beim Schlossbau angestellt waren, dicht beieinander ihre kleinen Häuser. Später siedelten sich weitere Arbeitssuchende an, die ihr Brot in den angrenzenden Kasernen und dem Marstall verdienten. Bunt zusammengewürfelt wohnten in den verwinkelten Häusern sämtliche Berufsschichten, vom Zunftmeister

bis zum Handwerker, vom Tagelöhner bis zur Wäscherin.

Durch die verschiedenen sozialen Schichten kam es oft zu Schwierigkeiten und Streit blieb nicht aus. Die große Zahl von Gasthäusern und Schänken trug ihren Teil dazu bei.

Als ein besonderer Fall, der die Gerichte über vier Jahre (von 1895 bis 1899) beschäftigte, galt der der Ehefrau des Schneiders Holzwarth, die wegen ruhestörenden Lärms und Diebstahl von Alkohol viermal verurteilt und insgesamt 50 Wochen in Haft war. Wenn sie von ihren regelmäßigen Wirtschaftsbesuchen im „Hirsch" oder in der „Traube" in der Bietigheimer Straße um Mitternacht zurückkehrte, lärmte sie im betrunkenen Zustand durch lautes Singen und Schimpfen bis zu ihrer Wohnung in der Bauhofstraße 32. Auch vor ihrem Haus gab sie keine Ruhe. In der Wohnung angekommen, stritt und schrie sie lauthals weiter mit ihrem Ehemann. Im „Hirsch", nach dem Genuss einiger Biere, ließ sie offenbar öfters eine volle Cognacflasche mitgehen, die sie auf dem Heimweg zur Hälfte austrank.

Es gäbe noch einiges zu berichten von Messerstechereien und Überfällen, Einbruch und Diebstahl, Betrügereien und Brandstiftung, aber es muss gerechterweise auch gesagt sein, im 19. Jahrhundert ging es im „Thäle" nicht schlimmer zu, als in anderen Ludwigsburger Straßen, die eine besondere Gaststättendichte aufwiesen. In Notfällen halfen sich die Bewohner der Unteren Stadt jedenfalls gegenseitig aus. Als in der Bauhofstraße 35 dem Fuhrmann Stoll, Vater von sechs Kindern, sein Pferd verendete, und er dadurch sein Fuhrgewerbe nicht fortführen konnte, wurde mit Hilfe der Zeitung in kürzester Zeit die Summe von 57 Gulden 6 Kreuzern gesammelt und Fuhrmann Stoll konnte sich daraufhin ein neues Pferd leisten.

Im Mai 1899 fühlten sich die Bewohner der Unteren Stadt wieder einmal als Bürger zweiter Klasse. „Durch die Versetzung der Briefkästen hat die Untere Stadt zweifellos eine Zurücksetzung seitens der Postverwaltung erfahren und von einer Verbesserung ist hier unten im Tal durchaus nichts zu verspüren. Der seither am Metzger Zwink'schen Haus, Bietigheimer Straße 10, angebrachte Briefkasten ist nach dem Bäcker Haag'schen Haus, Charlottenstraße 3, verlegt worden, und die Folge davon ist, dass die Bewohner der Unteren Stadt jedes Mal den Talberg zu ersteigen haben, um ihre Briefsachen der Post übergeben zu können. Dies ist doch gewiss nur als eine Erleichterung des Postverkehrs zu verstehen! Wir möchten deshalb die Postverwaltung bitten, in Bezug auf die Untere Stadt den früheren Zustand wiederherzustellen."

Obwohl einiges los war im „Thäle", die „Thälesbewohner" waren ein besonderes Völkchen, eben anders als die „Herrschaften mit Titeln und Würden" in ihren großzügigen Quartieren in der Oberen Stadt. Im Dezember 1859 gründeten die Thäles-Leute einen Verein unter dem Namen „Thalheimer-Verein", den ersten Bürgerverein der Stadt mit der Devise: „Gegenseitige Unterstützung in Zeiten der Not durch Rat und Tat" sowie gesellige Unterhaltung. Nach wenigen Wochen war der Verein schon auf 150 Mitglieder angewachsen, welche die verschiedensten Stände repräsentierten, „ein Beweis, dass die Tendenz dieses Vereins sich eines vielseitigen Beifalls erfreut".

Und seh'n die schöne Zier und Pracht, auch glauben, das hat Gott gemacht.

Das denkt gottlob der Thalverein und wird demnächst im Freien sein;

er ladet deshalb freundlichst ein, auch die, wo nicht sind beim Verein.

Denn Maienluft und frisches Bier ist ratsam, ja, ich bürg' dafür;

Mahnt uns, auch da hinauf zu seh'n, zu unserem Schöpfer in den Höh'n.

Der dem Verein wollt Blumen weih'n, der Wirt mit Recht d'rum dankbar sein;

sie würden auf den Tischen steh'n und Gäste würden's freundlich seh'n.

Um 8 Uhr ist Versammlungszeit, doch ist es gutes Wetter heut'

Lad' ich auf 4 Uhr freundlichst ein, dann sollten Gäst' im Garten sein."

Wie lange der Thalheimer Verein bestand, ist aus den historischen Zeitungen nicht ersichtlich. Die letzte Zusammenkunft fand am 12. Juli 1875 statt.

Am 28. Februar 1893 ist in der Zeitung von einer neuen Vereinsgründung zu lesen: „Im Goldenen Löwen, Bietigheimer Straße 10, war der vor kurzem gegründete ,Verein der unteren Stadt' zur Festfeier vereinigt. Der Vorstand Herr Neff hielt eine begeisterte Festrede; in das von ihm ausgebrachte dreifache Hoch auf Seine Majestät stimmten die zahlreich Versammelten jubelnd ein; bei musikalischen Produktionen, Gesang und Deklamationen blieben dieselben in fröhlichster Feststimmung lange beisammen."

Der „Verein der Unteren Stadt" besteht bis heute.

Da die Mitglieder noch kein eigenes Versammlungslokal hatten, trafen sie sich zu ihren wöchentlichen Zusammenkünften abwechselnd in verschiedenen Wirtschaften. Vorstand des Vereins war Hermann Kammerer, ein Sohn vom stadtbekannten Jakob Friedrich Kammerer, dem Zündholz-Fabrikanten.

Am 21. Mai 1860 tagte der Verein im Garten bei Pfizenmaier zum Schwanen in der Heilbronner Straße. Eingeladen wurde über die Zeitung mit folgendem Gedicht:

„Ei, Ei, wie ist die Welt so schön! Wer wollt' jetzt nicht ins Freie gehn!

Unter den Arkaden

Die Arkaden des Ludwigsburger Marktplatzes sind ein Ort voller Geschichten. Handel, Diebstahl, sittliche Verfehlungen - alles fand und findet dort statt. Offen und gleichzeitig ein geschlossener Raum, haben sie eine besondere Ausstrahlung. Und schon im 19. Jahrhundert war den Ludwigsburgern klar: Die Arkaden dürfen nicht verändert werden.

Die Wohngebäude, die den Ludwigsburger Marktplatz umgeben, sind im Untergeschoss mit luftigen Hallengängen, sogenannten Arkaden, versehen. Diese Bauweise verleiht dem Marktplatz eine aufgelockerte Atmosphäre. Vorrangig galt ihr Bau jedoch dem Wunsch, bei jeder Witterung entweder trockenen Fußes oder von der Sonne geschützt den Marktplatz umrunden zu können. Heute ist das zum Teil nicht mehr so einfach möglich. Die Gastronomie hat die lauschigen Arkaden als besonders gemütlich für sich entdeckt und belegt.

Die Anzahl der Arkadenbögen ist unterschiedlich. In der nordwestlichen Ecke des Marktplatzes stehen jeweils acht Arkadenbögen. In der südöstlichen Ecke

sind es jeweils zehn Bögen. In der nordöstlichen Ecke befinden sich acht und zehn Bögen. Und in der südwestlichen Ecke sind es zehn und acht solcher Bögen. Albert Sting, Ludwigsburger Chronist, sagt dazu: „Warum das so ist, konnte bis heute nicht geklärt werden."

Waren größere Feste in der Stadt angesagt, wie etwa das Liederfest im Mai 1841, erhielten die Arkaden einen reichen Blumenschmuck, und nicht nur mit Feldblumen wurde dekoriert, sondern auch mit Gartenblumen und Topfpflanzen. In späteren Jahren, als sich einige Ludwigsburger immer mehr der Verschönerung ihrer Stadt verschrieben, wurde in der Zeitung der Wunsch geäußert, „die Hausbesitzer mögen in der schönen Jahreszeit vor ihren Häusern Granatbäume, Oleander, Lorbeerbäume aufstellen", mit der Begründung, „es würde dies der Stadt ein ungemein freundliches Aussehen gewähren, besonders schön aber dürfte sich dies ausnehmen, wenn die vier Ecken des Marktplatzes, der durch seine Arkaden, durch seine Regelmäßigkeit, durch die beiden Kirchen, durch seinen schönen Brunnen einer der schönsten Plätze ist, die wohl eine Stadt hat, mit solchen Bäumen geziert würde, was dieser Platz mit Recht verdient. Und es kann keinesfalls geleugnet werden, dass eine solche Ausstattung der Arkaden auf jeden Fremden nur einen sehr angenehmen Eindruck machen könnte, und unsere Stadt im Gedächtnis aller derer bleibt, die sie besuchen."

Doch die Arkaden prangten nicht nur im hellen Blumenschmuck, bei einbrechender Nacht boten die Gänge dunklen Gestalten mit unguten Absichten ein willkommenes Versteck.

Aus der Zeitung erfahren wir, „am 7. Mai 1846, abends um ½ 8 Uhr, bei einfallender Dämmerung, fand hier ein Diebstahl statt, der sich durch die Frechheit auszeichnete, mit welcher er begangen wurde. Ein Handwerksbursche bettelte unter den Arkaden des Marktes, unter welchen gleichzeitig zwei Damen vor der Wohnung der einen auf- und abgingen. Im Vorbeigehen an denselben riss nun der Bursche der einen Dame die goldene Uhr vom Hals und versuchte rasch mit seiner Beute zu entspringen, wurde jedoch bald eingefangen und der Polizei übergeben. Er soll ein Schuhmachergeselle von Künzelsau sein, schon mehrere Vorstrafen wegen Diebstahls, besonders eine dreijährige Freiheitsstrafe in der Schweiz abgesessen haben, und hat, so viel wir wissen, seine gestrige Tat zugegeben".

Als ein Vogelhändler unter den Arkaden bei der Mädchenschule mit einem etwa 50 Singvögel enthaltenden Käfig auftauchte und die Vögel zum Verkauf anbot, war die Entrüstung der Tierschützer groß: „Schon oft und viel wurde in öffentlichen Blättern der Unfug des Wegfangens der Singvögel gerügt und der Schaden besprochen, welcher dadurch entsteht, dass diese nützlichen Tiere ihrer natürlichen Bestimmung entzogen werden; allein dies hilft nichts, wenn nicht durch ein allgemeines Verbot das Fangen und Verkaufen dieser Tiere untersagt und das Verbot streng gehandhabt wird."

Die Zeitung erwiderte auf diesen Leserbrief: „Solange sich Käufer für die armen Geschöpfe finden, werden Gesetze den leidigen Vogelhandel so wenig verhindern wie den Sklavenhandel und gefühllose oder selbstsüchtige Menschen, welche ihr Vergnügen über alles stellen, wird es jederzeit geben. Etwas anderes ist es aber mit den Kanarienvögeln, welchen, weil sie schon im Gefängnis aufgezogen wurden, die Freiheit den Tod bringen würde."

In Sorge um die Sittlichkeit der Jugend gab es im Februar 1858 große Aufregung und in der Folge einen Leserbrief, „wenn – namentlich in neuester Zeit und wahrlich nicht ohne Grund – auf die sittliche Erziehung der Jugend so großen Wert gelegt wird, so muss man fragen, warum man es geschehen lässt, dass an einem namentlich von der weiblichen Jugend so frequentierten Ort, unter den Arkaden nämlich, eine ganze Woche hindurch Bilder obszöner Art, namentlich orientalische, zur Schau aufgehängt waren, Bilder, denen die schulpflichtige Jugend ungeschützt ausgesetzt

war. Ohne sich in weitere Details einzulassen, glaubt der Einsender dieses Leserbriefes sicher, es werde nur dieser Andeutung bedürfen, um für die Folge Ähnliches zu verhüten".

Im Januar 1859 wurde in der Zeitung die Frage diskutiert, weshalb es in Ludwigsburg noch keinen Fruchtmarkt (Getreidemarkt) gibt. „Die Bedingungen dazu sind alle da. Räume zur Aufstellung der Fruchtgattungen finden sich unter den Arkaden des Marktplatzes in hinreichender Ausdehnung. Früchte würden uns von allen Seiten zuströmen, da wir mitten im besten Fruchtgäu des Landes liegen, und nicht wie Stuttgart lauter Weinorte, sondern Fruchtorte um uns her haben, die bald froh sein würden, wenn ein Fruchtmarkt in der Nähe ist."

Als am 16. Juli 1863 auf dem Marktplatz erstmals ein Ledermarkt abgehalten wurde, standen die aufgestellten Waagen vor der Witterung geschützt in den Arkaden und wurden laufend genutzt, denn 33 106 Pfund verschiedener Ledersorten mussten an diesem ersten Ledermarkt-Tag gewogen werden, und 27 570 Gulden wurden damit umgesetzt.

Allein durch die Eisenbahn wurden mehrere Hundert Zentner Leder auf den Markt geschafft. Der Ledermarkt fand von da an jedes Jahr am Donnerstag vor der Woche des Jacobi-Feiertags (25. Juli) statt und erfreute sich Jahr für Jahr großer Beliebtheit. Käufer und Verkäufer kamen zum Teil von weit her, sogar aus dem Ausland.

Ein Hausbesitzer wollte am 19. April 1885 einen Vorbau an seinem Teil der Arkaden anbringen. Sein Vorhaben wurde abgelehnt mit der Begründung: In den Arkaden darf nichts verändert werden.

Ein Amerikaner aus Ludwigsburg

Die Geschichte Ludwigsburgs ist reich an geistreichen und erfinderischen Personen. Viele von ihnen sind bekannt, andere dagegen vergessen. Zu den Vergessenen gehört Louis Brosi, ein talentierter Wagenmacher, der durch eine Erfindung in den USA und im Schwabenland zu Ruhm und Geld kam.

Louis Brosi erblickte am 22. August 1820 in Ludwigsburg das Licht der Welt; sein Vater Johann Christ (1775– 1838) war Bürger und Fuhrmann in Ludwigsburg, seine Mutter hieß Barbara und war eine geborene Körner (1779–1858).

Als kaum 14-jähriger Schulabgänger gab Vater Johann Brosi den Sohn zu einem Wagenmacher in die Lehre. Der Knabe entwickelte frühzeitig Talent im Zeichnen und Holzschneiden, weshalb ihn sein Meister unter den Lehrjungen häufig auszeichnete. Durch Fleiß und Selbststudium war der junge Brosi nach vollendeter Lehrzeit ein geschickter Arbeiter sowie ein gesuchter Holzschneider. Als er das 21. Jahr erreicht hatte, wurde er den Landesgesetzen gemäß Soldat. Seiner mathematischen Kenntnisse wegen kam er zu den Sappeuren (Soldaten der technischen Truppe), diente sechs Jahre und war als vorzüglicher Zeichner meistens auf den Büros beschäftigt. Die Vorgesetzten verloren den tüchtigen Soldaten nur ungern, der aber, die herannahenden Zeiten wohl ahnend, schon vor dem Jahr 1848 seine Heimat verließ, um in Amerika sein Glück zu suchen.

Die Heimat erinnert sich an Louis Brosi

Zu seinem 60. Geburtstag, am 22. August 1880, den Louis Brosi in der neuen Heimat feierte, veröffentlichte die Zeitung am 19. September 1880 folgende Vita des erfolgreichen Ludwigsburger Amerikaners: „Nach einer langen und beschwerlichen Reise landete Louis Brosi im Sommer 1848 in New York, wo er schnell bei einem Wagenfabrikanten namens L. Adams in Arbeit trat, der ihn mit 6 Dollar per Woche engagierte. Ehe ein Monat vorüber war, erkannte der Fabrikant die Fähigkeiten und Leistungen des jungen Schwaben und verdoppelte seinen Lohn. Nach 2 Jahren hatte sich die Adams'sche Fabrik so vergrößert, dass Brosi mit einem ansehnlichen Gehalt als Geschäftsführer des Etablissements, das jetzt 200

Arbeiter beschäftigte, angestellt wurde. Nachdem er 10 Jahre lang seine Arbeitskraft und seine Kenntnisse Herrn Adams geweiht hatte, und nachdem er ein neues, elegantes und doch dauerhaftes Gefährt, das sogenannte ‚Buggy‘ (eine leichte vierrädrige, einspännige Kutsche), erfunden hatte, dessen Verkaufsrecht, nachdem es patentiert war, er an die Firma Adams verkaufte, riet ihm sein Arzt, zur Herstellung seiner Gesundheit eine Reise in die Heimat zu unternehmen. Nachdem das erste Buggy seiner Konstruktion fertig war, ließ er es einpacken und nahm es mit nach seinem geliebten Vaterland, wo er auch noch bei Lebzeiten des Königs Wilhelm I. (gestorben Juni 1864) glücklich ankam.

Der König ist schlichtweg begeistert

Dieses elegante, leicht gebaute amerikanische Fuhrwerk erregte großes Aufsehen in Stuttgart, und Brosi wurde veranlasst, dasselbe bei dem Cannstatter Volksfest auszustellen. Der König selbst, bekanntlich ein großer Liebhaber von Pferden und Förderer der Landwirtschaft, sprach in huldvollster Weise seine Bewunderung über das Fuhrwerk aus und unterhielt sich öfters mit dem Erfinder. Brosi legte dem König noch weitere Zeichnungen amerikanischer Chaisen vor, und nachdem der König sich von der Tüchtigkeit seines früheren Soldaten überzeugt hatte, schickte er demselben die goldene Verdienstmedaille nebst einem gnädigen Handschreiben. Brosi übergab das Buggy einem Adjutanten des Königs und kehrte mit Ehren und Auszeichnungen beladen nach seinem Adoptiv-Vaterland zurück. Er nahm aber auch mehrere Fass Fellbacher, Weinsberger und Heilbronner Wein mit, der in New York als Neuheit unter den dort lebenden Schwaben solchen Anklang fand, dass Brosi, ein gutes Geschäft sehend, noch größere Partien nachkommen ließ und sich so dem Weinhandel widmete.

Er kaufte an der 123. Straße zwischen der 3. und 4. Avenue ein Stück Land, auf dem er bei einem Spaziergang zufällig einen Felsenkeller entdeckt hatte. Er wusste sein Geheimnis zu bewahren und kaufte um ein Spottgeld das Stückchen Land, unter welchem dieser Keller lag. Hier baute er einen eleganten Salon vor den Eingang des Kellers und etablierte eine Weinhandlung im Großen und Kleinen; bald wurde es ein beliebter Ausflugsort für die New Yorker.

Im Sommer 1880, mittlerweile 60 Jahre alt, nahm Louis Brosi Abschied vom New Yorker Felsenkeller; er verkaufte das Stückchen Land für 300 000 Dollar.

Jetzt kann er seine letzten Lebensjahre mit seiner Lebensgefährtin ‚gemütlich‘ verleben; sie stand ihm treu zur Seite in Freud und Leid und folgte ihm in das fremde Land. Zu dieser Geburtstagsfeier des biederen Schwaben versammelte sich eine ausgesuchte Gesellschaft geladener Gäste, die den reichbesetzten Tafeln und den feinen Weinen Gerechtigkeit widerfahren ließen; einem dreifachen Hoch auf die Familie Brosi, auf das Schwobenländle und auf die lieben Schwobenmädle folgten mehrere Redner, die mit Hochs auf die Königliche Familie, auf die schwäbischen Dichter, auf die schwäbische Gemütlichkeit usw. schlossen.“

Im März 1879 schon hatte eine Anzeige in der Zeitung für Aufsehen gesorgt: „Ein Deutsch-Amerikaner aus New York kaufte gestern aus einem hiesigen Privatkeller 200 Eimer reinen Most, und derselbe soll in aller Bälde mit der Eisenbahn nach Hamburg gehen, um von dort per Schiff nach seinem Bestimmungsort New York abzusegeln. Zu diesem Geschäft wird nun ein zuverlässiger und erfahrener Mann gesucht; einem Civil-Conducteur etwa, der mit dem Seehafen, Weg und Leuten dort schon öfters verkehrt, würde der Vorzug gegeben. Die Bedingungen sind sehr günstig und keine Gefahr, dass die Ladung nach 4 Wochen auf Kosten des Begleiters wieder retour gehen würde. Offerte unter B. und F. vermittelt die Expedition des Blattes."

Natürlich vermutete man in Ludwigsburg gleich Louis Brosi als anonymen Most-Einkäufer.

Warum in die Ferne schweifen...

Urlaub - das war im 19. Jahrhundert natürlich für die meisten Ludwigsburger überhaupt kein Thema. Umso wichtiger war es, dass es in der Stadt schöne Spazierwege und Aussichtspunkte gab. Vor allem der Verschönerungsverein kümmerte sich darum. Der Salonwald und die Karlshöhe waren damals beliebte Ausflugsziele.

Ludwigsburg träumt derzeit davon, die Landesgartenschau in die Stadt zu holen. Dafür soll eine grüne Achse nicht nur um die Stadt, sondern auch mitten durch Ludwigsburg, von der Marienwahl über den Walcker-Park, das Schloss und die Sternkreuzung bis hin zum Salonwald gestaltet werden. Die Grundidee hinter all den Überlegungen ist, die einstmals grüne Stadt nach historischem Vorbild wieder umzugestalten.

Wenn man heute als Fußgänger an der verkehrsumtosten Schloss- und Stuttgarter Straße (B 27) steht, wird einem unweigerlich bewusst, wie schlimm sich die Fehlplanungen der Vergangenheit ausgewirkt haben.

Doch auch schon im 19. Jahrhundert gab es durch die Launen der Herrschenden ebenfalls bedauernswerte Missstände. Während König Friedrich I. (von 1806 bis 1816 der erste König von Württemberg) auf alles in und um Ludwigsburg ein liebevolles Auge hatte, sollte dies alles nach dem Willen seines Nachfolgers, König Wilhelm I., so schnell wie möglich verschwinden. Sein „Bereinigungswerk" griff auch in den Bestand der Alleen ein, unzählige Bäume wurden gefällt und sein „Nützlichkeitssinn" ging sogar so weit, dass in den Alleen Kartoffeln gepflanzt wurden. So heißt es in der Zeitung vom 8. Oktober 1833: „Heute Nachmittag 2 Uhr wird der Kartoffelertrag von mehreren Morgen in den Alleen innerhalb der Stadt am Stock verkauft."

Im August 1841 wurde auf Anregung von Professor Dr. Binder zur Gründung eines Vereins für die „Verschönerung der Stadt Ludwigsburg" aufgerufen, der sich zuerst der Aufgabe widmete, das „Vorhandene zu erhalten". Nachdem der Initiator Dr. Binder Ludwigsburg verlassen hatte, löste sich der verheißungsvolle Verein wieder auf. Erst im Januar 1872 kam es zu einer neuen Gründung. Der Verein war sehr erfolgreich und die Stadt verdankte ihm in den folgenden Jahren ein Aufleben „wie zu Herzogs Zeiten".

Im Juli 1877 heißt es in der Zeitung, der Verschönerungsverein „hat Großes vollbracht". Hören wir zusammengefasst, was damalige Ludwigsburger Bürger

unter der Überschrift „Warum in die Ferne schweifen" in ihren Leserbriefen berichteten: „Wandern wir vom Schlossgarten durch die so genannte dicke Allee (Königsallee) – einer der beliebtesten Spaziergänge der Bewohner Ludwigsburgs – betritt unser Fuß den ‚Salon' und seine Umgebung, den Punkt, welcher vom Verschönerungsverein so recht in seine Fürsorge genommen worden ist. Dieser ‚Salon' gehört gewiss zu den schönsten Fernsichten, welche die hiesige Gegend überhaupt aufweisen kann. Von hier aus eröffnet sich unserem Blick ein herrliches Panorama, und haben wir auch nicht die gewaltigen Berge der Schweiz mit ihren schneesilbernen Gipfeln vor uns, es ist doch eine herrliche Landschaft!

Vom Salon aus schauen die Ludwigsburger in die Weite

Kein Wunder darum, dass die dort vom Verschönerungsverein angebrachte Ruhebank so fleißig frequentiert wird. Vor uns liegt das stattliche Dorf Oßweil, das mit dem über dem Neckartal herüberschauenden Poppenweiler wie zusammengebaut erscheint. Ferner erblicken wir einen Teil von Neckargröningen, Hochberg und im Südosten die Turmspitze von Aldingen. Weiter nach Nordosten die Schillerstadt Marbach, einen ganzen Reichtum von Dörfern und Ortschaften erblicken wir aber erst dann, wenn wir – etwa mit einem guten Augenglas bewaffnet – unsere Blicke mehr in die Ferne richten. Ganz deutlich können wir die Gegend von Winnenden und Backnang erblicken, dazu im Hintergrund den Schurwald, den

Welzheimer Wald, die Löwensteiner Berge und sogar
den Wachtberg bei Heilbronn sehen wir in der Ferne
noch auftauchen und ganz deutlich treten der Wun-
nenstein, Stocksberg usw. hervor.

Reizend hübsch hat sich die Paulinen-Ruhe gemacht; es ist dies der Platz gegenüber der Karlshöhe,
allwo die selig verstorbene Königin-Mutter während
des hiesigen Aufenthaltes täglich einige Stunden mit
Vorliebe geweilt hat, und der selbst einer größeren Gesellschaft Raum gewährt. Ein weiterer schöner Punkt
soll in nächster Zeit ebenfalls mit Ruhebänken versehen werden, der historisch berühmte Platz zu den
‚7 Tannen‘, wenige Schritte von der ‚Grünen Bettlade‘
entfernt, bekannt als Versammlungsort von Koseritz
und Genossen zu Anfang der Dreißigerjahre. Dieser
Ort wird jetzt zum Andenken an einen, um den Salon
und auch anderweitig vielfach verdienstvollen, für
Ludwigsburg zu früh geschiedenen Mann, den Namen
‚Wirsingruhe‘ erhalten. Dieser prächtige Platz ist es
aber auch wert, dass man ihn in Ehren hält. Denn er ist
nebst unseren Schlossgartenanlagen wohl der schönste Punkt in nächster Nähe der Stadt, und um denselben
haben uns schon viele Fremde beneidet.

Wir wollen uns begnügen, mit diesem Bericht auf die
herrliche Umgebung im Osten unserer Stadt aufmerksam gemacht zu haben und möchten nur wünschen,
dass sich recht viele Spaziergänger eines ebenso angenehmen wie lohnenden Spazierweges erfreuen. Dabei
können wir die schon oft gehörte Bemerkung auch hier
nicht unterlassen, dass wir nämlich das Schöne und
Gute oft in der Ferne suchen, während es doch so nahe
liegt.“

Ein entsetzliches Verbrechen

Die Kunde von einem entsetzlichen Verbrechen erschütterte am Vormittag des 5. April 1880 ganz Ludwigsburg. Am frühen Morgen war die 15-jährige Karoline Friederike, Tochter des Falkenwirts Karl Schaal, erdrosselt in ihrem Bett gefunden worden. Schnell machten Gerüchte die Runde.

Um aufkommendes Gerede zu mäßigen, berichtete die Zeitung: „Der Befund der Sektion entzieht sich der Öffentlichkeit und wir wollen hierüber nur mitteilen, dass die in unserem Bericht gemeldete Annahme, das Mädchen sei erdrosselt worden, sich vollkommen bestätigt. Alle anderen Gerüchte, wie sie in den seltsamsten Variationen in der Stadt zirkulieren, sind größtenteils unrichtig. Es liegt hier kein Sittlichkeitsverbrechen vor, sondern ein Raubmord, denn es fehlen 2 Ringe und eine Uhr, die der Toten gehörten, sowie ein Hundertmarkschein."

In der kurz darauf veröffentlichten Traueranzeige heißt es: „Allen lieben Freunden, Verwandten und Bekannten geben wir die traurige Nachricht, dass unsere innig geliebte Tochter heute Nacht durch die Hand eines Unmenschen erdrosselt und diesen Morgen tot im Bett aufgefunden wurde. Mit dem gewiss gerechten Wunsch, der Herr über Leben und Tod möge jeden vor solch schrecklichem Fall bewahren, bitten wir um stille Teilnahme. Die tiefbetrübten Eltern: K. Schaal, Gastwirt, Caroline Schaal, geb. Schweizer. Beerdigung Mittwochnachmittag 4 Uhr."

Schnell fiel der Verdacht auf Karl Ernst Liebermann, einen Gefreiten des 2. württembergischen Feld-Artillerieregiments, 21 Jahre alt, von Friedrichshafen gebürtig. Der Mann war flüchtig, wurde aber bereits in der Nacht vom 6. auf den 7. April 1880 in Ulm verhaftet. Die Beute trug er noch bei sich. Ausschlaggebend für die Verhaftung war „die Rührigkeit des hiesigen Landjägers Pfetsch". Der Mann folgte Liebermann in Richtung Ulm, weil er rausbekommen hatte, dass der Flüchtige ein Ticket dorthin gekauft hatte. Von Ulm reiste Liebermann nach Wolfegg, wo er bei seinen Verwandten seine Uniform gegen Zivilkleidung eintauschte. Von dort ging es zurück Richtung Ulm, wo er auf Anweisung von Pfetsch verhaftet wurde.

Schon am Nachmittag des Tags seiner Verhaftung wurde er mit dem Zug in Ludwigsburg erwartet. Die mögliche Ankunft des Mörders ließ viele Neugierige zum Ludwigsburger Bahnhof strömen. Eine weitere große Zahl sensationslustiger Ludwigsburger versammelte sich – infolge eines falschen Gerüchtes – am selben Abend zwischen 18 und 19 Uhr vor dem Elternhaus der Ermordeten. Die Leute glaubten, der Mörder würde um 19 Uhr mit der Leiche konfrontiert. Die Zeitung richtete daraufhin an die Bevölkerung folgenden Hinweis: „In Bezug auf diese, fast ins Skandalöse ausgeartete Ansammlung vor dem Trauerhaus, können wir nicht umhin, die Bitte zu stellen, es möchte auf diese so schwer betroffene Familie ein wenig Rücksicht genommen werden, und ein derartiges Gebaren, hauptsächlich auch der todkranken Mutter des ermordeten Kindes wegen, zu unterlassen."

Infolge dieser „Massenansammlungen am Bahnhof und vor dem Trauerhaus" wurde auf Veranlassung der Polizeibehörde beim Eintreffen des Beschuldigten „militärische Bedeckung" angeordnet.

Liebermann kam mit dem Zug im Gefangenenwagen von Ulm, wurde in Kornwestheim mit einem Wagen abgeholt und traf kurz vor 16 Uhr im Kasernenhof des 2. Feld-Artillerieregiments ein. Trotz dieser Geheimhaltung hatte sich wieder eine große Menschenansammlung vor der Kaserne eingefunden.

Am 8. April 1880 nachmittags um 16 Uhr wurde Karoline Friederike Schaal auf dem Neuen Friedhof zu Grabe getragen. Die Zeitung berichtete von der Beerdigung: „Die erstgeborene, hoffnungsvolle, von ihren früheren Lehrern als musterhafte Schülerin prädizierte Tochter des Gastgebers Schaal ist das Opfer eines Scheusals geworden. Die allgemeine Teilnahme für die schwer heimgesuchte Familie zeigte sich namentlich bei der Beerdigung des Mädchens; denn eine außerordentlich zahlreiche Versammlung fand sich auf dem Neuen Friedhof ein, um den ergreifenden und erhebenden Worten des Herrn Geistlichen zu lauschen, die zugleich kräftige Worte des Trostes für die Trauerfamilie gewesen sind, deren brave Tochter zu unser aller Beruhigung im Schmucke der Unschuld in den Schoß der Mutter Erde gebettet werden durfte. Mit dem von einem Quartett geblasenen Choral ‚Gott ist getreu' wurde der große

Leichenzug auf dem Gottesacker empfangen, ihm folgte das stets ergreifende Trauerlied ‚Süß und ruhig ist der Schlummer in der Erde kühlem Schoß', gesungen von Mitgliedern des Männergesang-Vereins, dessen Sängerkreis der Vater der Verstorbenen viele Jahre angehört hat.

Gesang und Musik bildeten auch den Schluss der alle Herzen ergreifenden Feier. Die Tränen, die gestern von so vielen Hunderten auf das frühe Grab niederflossen, benetzten die Erstlinge des Frühlings; und so gewiss dieser uns jedes Mal wieder Blumen schenkt zum Entzücken unseres irdischen Auges, so gewiss wird auch auf Deinem Grab, liebe Tochter, eine geistige Triasblume erblühen, eine unverwelkliche Blume: Liebe, Unsterblichkeit, Wiedersehen.

Schlaf wohl, lieb Kind, des Leidens bittere Schale Du leertest sie in früher Jugend schon,/doch vor dem höchsten aller Tribunale ward Dir der reinen keuschen Tugend Lohn!/Schlaf wohl, lieb Kind, Du hast nun überwunden, Du fielst in Ehren unschuldsvoll und rein,/und was wir alle bei Deinem Tod empfunden, das prägt sich redend in den kalten Stein!/Und Deiner

Jugend Mörder, mag er fliehen, soweit auch seine Tat hinweg ihn treibt,/Dein blut'ger Schatten möge ihn verfolgen, so lang sein flücht'ger Fuß auf Erden weilt!"

Am 21. Juni 1880 wurde der Artilleriegefreite Liebermann „für die am 5. April 1880 an der Tochter des Herrn Restaurateur Schaal begangene Untat – unter gleichzeitiger Ausstoßung von der Armee – vom Militärgericht wegen Körperverletzung mit nachgefolgtem Tode vom Königlichen Militär-Revisions-Gericht zu der Zuchthausstrafe von fünf Jahren verurteilt und ins hiesige Königliche Zuchthaus eingeliefert". Für das Gericht war es also kein Mord, sondern eine Körperverletzung mit Todesfolge. Offenbar hatte das Mädchen Liebermann bei seinem Einbruch überrascht. Das Urteil löste bei den Ludwigsburgern große Unruhe aus. Und es kam noch schlimmer. Zeitungsbericht vom 19. März 1884: „Anlässlich des Königlichen Geburtsfestes wurde der ehemalige Gefreite Liebermann, welcher wegen eines in einer hiesigen Familie verübten und viel Aufsehen erregenden Verbrechens zu einer Zuchthausstrafe verurteilt war, am 24. Februar 1884 begnadigt."

Den Falken an dem ehemaligen Gasthaus an der Ecke Linden-/Kirchstraße kann man übrigens auch heute noch betrachten.

Böse Buben und ebensolche Mädchen

Mit der Jugend wird es immer schlimmer - diese Klage ist offenbar so alt wie der Mensch. Mindestens aber so alt wie die Ludwigsburger Kreiszeitung. Denn schon im 19. Jahrhundert hatten es einige Jugendliche faustdick hinter den Ohren. Vandalismus, Betrug und Diebstähle waren an der Tagesordnung. Und sogar Intensivtäter gab es damals schon.

Die Klage der Älteren über die Jugend wiederholt sich von Generation zu Generation mit der immer gleichen Meinung: Früher war es besser mit der Jugend – und immer wieder wird die gleiche Erfahrung gemacht: Nichts war früher besser!

Ein Leserbrief vom Februar 1877 aus der Zeitung bringt dieses ewige Dilemma zum Ausdruck, und man ist geneigt, anzunehmen, so könnte es auch heute in der Zeitung stehen: „Über jugendliche Verbrechen, die sich immer mehr und mehr häufen, kann auch unsere Gemeinde traurige Beispiele liefern. In neuerer Zeit lassen sich wieder Schulkinder und junge Leute Eigentumsbeschädigungen, Schwindeleien usw. zuschulden kommen und dies wirft, da sich die

Fälle häufen, einen dunklen Schatten auf unsere heranwachsende Jugend.

Man ist gerne geneigt, den Grund solcher traurigen Erscheinungen der Schule aufzubürden und sie hierfür verantwortlich zu machen, ohne zu bedenken, dass die Schulerziehung nicht fruchtet, wenn ihr nicht die häusliche Erziehung vorangeht. Beide haben sich gegenseitig zu unterstützen und zu ergänzen. Die Schule kann ja nicht verantwortlich gemacht werden für alles das, was außerhalb derselben verübt wird. Man lobt in dieser Beziehung die gute alte Zeit, wo der Lehrer in erzieherischer Hinsicht viel mehr ausgerichtet habe als jetzt, und hat in gewisser Beziehung nicht Unrecht.

Leider werden die Kinder von vielen Eltern zu sehr in Schutz genommen, so treten ihre Anschauungen mit denen der Schule in Widerspruch, daher auch die vielen Klagen über die Schule und ihre Organe, welche aber in den meisten Fällen nicht zutreffend sind. Würden so manche Eltern ihren Kindern nicht zu viel Freiheit gönnen und ihnen nicht immer alles erlauben, was sie gerade wünschen, es stünde gewiss in manchem Hause besser. Darum die ernste Mahnung an die Eltern, ihre Kinder recht und gut zu erziehen,

mit eigenem Beispiel vorangehen, nicht aber, wie vielfach geschieht, der Erziehung in der Schule hindernd in den Weg zu treten."

Vom einfachen Unfug bis zur größeren Sachbeschädigung reichen die Vergehen der Kinder laut der Zeitung von damals: Zertrümmerung von Straßenlaternen, an einem Möbelwagen die Deichsel absägen, das Strohdach eines Gartenhauses anzünden, Bretter und Pfähle auf dem Holzmarkt wegtragen, abends durch die Straßen ziehen und die Hausbewohner mit Werfen von Erbsen und Bohnen an die Fenster belästigen, oder die „Unverfrorenheit" mehrerer schulpflichtiger Knaben, in verschiedene Läden hineinzugehen und den draußen stehenden Kameraden Würste zuzuwerfen. Das alles könnte man noch als dumme Bubenstreiche abtun.

Eine gewisse kriminelle Energie lässt sich dagegen bei dem erst zwölf Jahre alten Karl Essig von der Charlottenstraße erkennen. Im September 1895 war der junge Essig mit sechs Wochen Gefängnis bestraft worden, weil er in 17 Fällen sich von Wirten unter falschen Angaben Bier und Speisen geben ließ. Bei der Bestellung sagte er immer: Sein Herr, ein hiesiger Brauereibesitzer, komme zum Bezahlen, man solle ihm einstweilen etwas zu trinken und zu essen geben.

Taschendiebinnen auf den Plätzen

Kurz nach der Entlassung „stieg" er wieder in sein altes „Handwerk" ein und verübte mit der gleichen Masche ähnliche Betrügereien: Dem Kantinenführer eines Artillerieregiments spiegelte er vor, er sei vom

Bierlieferanten jener Kantine beauftragt, ihm mitzuteilen, dass den Unteroffizieren jener Abteilung Freibier sowie Zigarren verabreicht werden sollen, und dass solches von dem Lieferanten bezahlt werde. Der Kantinenwirt schenkte dem Vorbringen des Knaben Glauben und verabreichte an die Unteroffiziere etwa 80 Liter Bier und 250 Zigarren. Karl Essig ließ sich das ausgehandelte Essen gut schmecken und verschwand. Der Bierlieferant traf jedoch zur Bezahlung nicht ein. Als altbekannter Übeltäter wurde der junge Essig von zu Hause durch die Polizei wieder in „sichere Verwahrung" in das Königliche Amtsgericht gebracht.

Ungefähr ein Jahr war Ruhe. Dann erschien in der Zeitung folgende Mitteilung: „Der mittlerweile 13 Jahre alte Karl Essig von hier, welcher im Laufe des vorigen Jahres wiederholt wegen einer Reihe von Betrügereien zu erheblichen Gefängnisstrafen verurteilt wurde, scheint von seiner gemeingefährlichen Tätigkeit nicht lassen zu wollen. Nach der letzten Strafverbüßung wurde der Bursche auf Kosten der Stadt in der Rettungsanstalt Schönbühl untergebracht, er ist aber dort entlaufen und nach wenigen Tagen wegen Betrugs gestern wieder beim hiesigen Amtsgericht eingeliefert worden. Er war bei der Osterholzwache erschienen und hatte mit unschuldiger Miene ausgerichtet: Die Soldaten sollten am Abend zur Körner-Brauerei kommen, es habe ein Herr dort Bier für sie bezahlt, ihm selbst solle man ein Vesper geben. Er erhielt ein solches im Wert von 33 Pfennig, wurde aber, nachdem der Wachhabende durch einen in die Brauerei geschickten Mann sich erkundigt hatte, abgeholt und der Polizei übergeben."

Die Mädchen standen den Buben in keiner Weise nach, nur auf andere Art, sie hatten sich auf Taschendiebstähle spezialisiert. Ein Beispiel vom 24. Juni 1865 aus der Zeitung: „Schon seit einiger Zeit wurde dem Polizeiamt von verschiedenen Seiten mitgeteilt, dass namentlich auf öffentlichen Plätzen in hiesiger Stadt Taschendiebstähle auffallend zugenommen haben. Trotz der größten Aufmerksamkeit unseres Polizeipersonals konnte man des gefährlichen Individuums noch nicht habhaft werden. Doch der Krug geht so lange zum Brunnen, bis endlich der Henkel bricht. Als nämlich gestern Nachmittag eine hiesige Frau ihren Gatten auf den Bahnhof begleitete, wurde sie auf dem Trottoir von einem Mädchen etwas empfindlich am Arm gestoßen. Als die Dame sich rasch umwandte, bemerkte sie, wie das Mädchen einen Gegenstand unter ihrer Schürze zu verbergen suchte, und zu ihrem größten Erstaunen entdeckte sie alsdann ihren eigenen Geldbeutel in der Hand der jugendlichen Diebin.

Dem Polizeiamt übergeben, gestand das Mädchen ein, dass sie sich schon seit einem Jahr in Gemeinschaft mit einer gleichgesinnten, kaum der Schule entwachsenen Freundin auf diesen Erwerbszweig spezialisiert habe. Bei der Hausdurchsuchung fanden sich dann auch gegen 20 Portemonnaies, welche an den verschiedensten Orten der Stadt von den beiden Mädchen entwendet wurden. Durch das Gericht dürfte manche Geldbörse wieder ihrem rechtmäßigen Besitzer übermittelt werden, allein, dass der Inhalt derselben längst verbraucht ist, braucht wohl nicht extra bemerkt zu werden."

Die Stadt im Kaiserfieber

Im September 1885 besucht Kaiser Wilhelm I. Ludwigsburg. Die Begeisterung kennt keine Grenzen. Die Parade mit dem kaiserlichen Galawagen wollen Tausende Zuschauer sehen. Auf diesen Andrang ist die Stadt aber nicht vorbereitet. Erst bricht eine Zuschauerbühne zusammen, abends der Zugverkehr am Bahnhof.

Am Samstag, 19. September 1885, besuchte Seine Majestät Kaiser Wilhelm I. Ludwigsburg, um mit König Karl auf dem Langen Feld bei Pflugfelden die Parade des Armeecorps abzunehmen. Zehn Sonderzüge brachten Kriegervereine und Fremde aus allen Landesteilen, und auch von den Landstraßen her strömten Vereine zu Fuß und zu Wagen zum Großereignis.

Ganz Ludwigsburg war in heller Aufregung, da der kaiserliche Galawagen sich am Vormittag durch die Mylius- und Schillerstraße zum Paradefeld bei Pflugfelden begeben sollte. Die Häuser beider Straßen prangten im Festschmuck und die ganze Umgebung hatte schön geflaggt.

Unter den vielen Honoratioren der Stadt säumten den Straßenrand auch die Kinder der Volks- und Mittelschulen, die Knaben mit einem grünen Zweig an der Mütze, die Mädchen mit einem Blumensträußchen in der Hand mit der Verheißung: „Es wird für unsere Schulkinder, durch deren Reihen vormittags um 10 Uhr der deutsche Kaiser fahren wird, eine denkwürdige Erinnerung für ihr ganzes Leben sein, dass sie am 19. September 1885 den Kaiser gesehen haben", berichtete die Zeitung damals.

„In zwei Vierspännern fuhren die allerhöchsten Herrschaften nach der Fahrt durch die Stadt zum Paradefeld. Im Wagen S. Majestät des Kaisers saßen S. Majestät König Karl. Es folgten die Wagen Ihrer Majestät der Königin

77

Olga, der Großfürstin Vera mit Prinzessinnentöchtern, der Wagen der Offiziere des Großen Generalstabes mit Feldmarschall Graf von Moltke sowie die Kutschen des württembergischen Prinzen Wilhelm, Albrecht von Preußen und Prinz Arnulf von Bayern.

Von Pflugfelden her auf dem Paradefeld angekommen, begrüßte ein mächtiges Hurra der Truppen und der Kriegervereine, vermischt mit den Klängen der preußischen Nationalhymne, den erhabenen Kriegsherrn und den geliebten Landesvater. Dann fuhr S. Majestät Kaiser Wilhelm die Front der aufgestellten Truppen ab. Eine glänzende Suite von fürstlichen Personen, Generälen, einheimischen und fremden Offizieren war im Gefolge, für die wohl mehr als 25 000 Zuschauer ein herrliches Bild. Zum Schluss besichtigten die allerhöchsten Herrschaften die an der Südseite aufgestellten Kriegervereine in huldvollster Weise, worauf Ihre Majestäten sich wieder zum hiesigen Bahnhof begaben, wo der kaiserliche Hofzug zur Rückfahrt bereitstand. Ebenso herzlich wie beim Empfang waren die Zurufe und Grüße des Publikums auch bei der Abfahrt. So verlief die Parade unseres Armeecorps in glänzendster Weise, ohne jeglichen Unfall und Stö-

rung", ist am darauffolgenden Sonntag in der Zeitung zu lesen.

Nicht alle Schaulustigen aus Ludwigsburg und der näheren Umgebung hatten allerdings das Glück, einen Platz auf den Tribünen zu bekommen. Um diesem Publikum ebenso sichere und billige Plätze zum Überblick der Parade zu bieten, kam der Ludwigsburger Fuhrmann Friedrich Rupp auf die Idee, eine Zuschauertribüne zu bauen. „Er improvisierte in der Weise, dass er an einem freien Platz, ohne ein technisches Gutachten einzuholen, verschiedene Pfosten in den Boden einschlug und Bretter auf dieselben nagelte. Diese Stehplätze kosteten 50 Pfennig und waren sofort bevölkert. Doch nicht lange hatten die Personen das Vergnügen, einen guten Platz zu haben, denn das Gerüst brach alsbald zusammen unter allgemeinem Jubel der Fallenden und der Umstehenden. Der unternehmende Mann verschwand, seine kritische Lage einsehend, rasch mit den Worten: er werde sein Gerüst gleich wieder aufrichten. Ein Unglück ist glücklicherweise nicht vorgekommen", war später in der Zeitung zu lesen.

Auch für Taschendiebe war ein solcher Tag günstig. Einem Herrn von Alpirsbach wurde auf dem Paradeplatz beim Einsteigen auf dem Bahnhof das Portemonnaie gestohlen. Er verlor dadurch eine größere Menge Bargeld.

Während die hohen Herrschaften ungestört am Ludwigsburger Bahnhof anreisen und abreisen konnten, berichtete ein paar Tage später die Zeitung von der Kehrseite der Kaiserparade: „Bei der Hinfahrt und Ankunft der Personenzüge in Ludwigsburg ging alles in schönster Ordnung. Nachmittags jedoch gegen 2 Uhr, als das Publikum von der Parade zurückkam und die vielen Tausende und Abertausende mit der Bahn nach Stuttgart wollten, war am Bahnhof ein Andrang, welcher aller Beschreibung spottet. Stundenlang drängte sich die Menschenmenge auf dem Bahnhofsplatz, dem Bahnsteig und zwischen den Gleisen, so dass die Gendarmerie nur mit Aufbietung aller Kräfte die Gleise freihalten konnte, damit kein Unglück passierte.

Die Züge waren alle überfüllt, auf den Trittbrettern der Wagen, deren Inneres und Plattformen gedrückt voll waren, klammerten sich Leute an, auf den Puffern sah man sie aufgestellt und abfahren, ohne Rücksicht auf die augenscheinliche Lebensgefahr; selbst in die Hundekästen hatten sich Menschen gelegt. Zu den Wagenfenstern sah man Leute hineinschieben, andere herausspringen, welchen es zu eng wurde, da die gefüllten Wagen oft stundenlang auf Beförderung warten mussten und Frauen und Männer in den vollgepfropften Wagen ohnmächtig wurden.

Das Dienstpersonal war diesem Andrang gegenüber ohnmächtig. Dazu ging die Abfertigung der Züge sehr langsam vonstatten, sei es, dass die Bahnverwaltung nicht genügend Vorkehrungen getroffen, oder dass sonstige Umstände in Stuttgart und Zuffenhausen obwalteten, welche eine schnellere Expedition der Züge nicht gestatteten. Gegen 9 Uhr abends waren endlich die letzten Züge fort. Viele Leute blieben auch in Ludwigsburg über Nacht und verzichteten auf die lebensgefährliche Fahrt, die jedem wohl, der dabei war, auf lange unvergesslich bleiben wird."

Ein alter Bär in neuem Pelz

Das historische Gasthaus zum Bären ist eine der geschichtsträchtigsten Wirtschaften in Ludwigsburg. Mitte des 19. Jahrhunderts wurde das Haus von Rudolph Hipp übernommen. Der geschäftstüchtige Wirt hatte allerhand neue Ideen. Auch nach seinem frühen Tod blieb der „Bären" eine Topadresse.

Das Gasthaus „zum Bären", Schlossstraße 7–9, Ecke Bärenstraße, ist eine der ältesten Wirtschaften Ludwigsburgs. Im Jahr 1850 wurde sie bei einem Verkauf mit 20 000 Gulden veranschlagt und in der Zeitung folgendermaßen beschrieben: „Das Hauptgebäude enthält 2 gewölbte Keller, geräumige Stallungen und großen Hof. Im 1. Stock: Großes Wirtschaftslokal, Küche und Speisekammern. Im 2. Stock: ein Saal und 6 ineinander gehende Zimmer. Im Mansarden-Stock: 8 Zimmer. Auf der Bühne: viele Kammern. Das Nebenhaus enthält einen gewölbten Keller, geräumigen Hof, Holzstall und Waschküche; sodann im 1. Stock: Speisesaal und 2 daran stoßende Zimmer; im 2. Stock: 4 Zimmer, eine Küche und Speisekammer; im Dachstock: 3 Zimmer und viele Kammern."

Im August 1852 übernahm Gastgeber Rudolph Hipp aus Friedingen bei Tuttlingen das ehrwürdige Gasthaus mit der Empfehlung: „Dieser alte Bär hat nun einen neuen Pelz erhalten und ist von innen ausgeputzt." Zusätzlich zur Wirtschaft eröffnete er ein Café mit Billard. Rudolph Hipp war ein sehr rühriger und ideenreicher Gastgeber, der schnell den „Bären" zur alten Blüte brachte. Zum Leidwesen der Ludwigsburger Bierbrauer bezog er sein Bier allerdings von auswärts. Im März 1853 annoncierte er in der Zeitung: „Den vielen Anfragen nach Weizenbier diene zur höflichen Erwiderung, dass ein solches in ca. 4 Tagen wieder eintreffen wird, dagegen ist die erste Sendung Salvator-Bier

aus München angelangt, welches ich ergebenst empfehle."

Ein Jahr später eröffnete er einen täglichen Mittagstisch im Abonnement, empfohlen als „Table d'hôte", angelehnt an die damalige kulturelle Verflechtung der gehobenen Ludwigsburger Gesellschaft mit französischem Gedankengut.

Seine Speisekarte im Herbst 1854 empfahl „Feldhühner, Damwild, Reh, Hasen, Austern, Kaviar, Münster- und Edamerkäse." Zudem baute er neben dem bisherigen Saal einen größeren Festsaal, der von allen größeren Gesellschaften Ludwigsburgs ausgiebig genutzt wurde.

Seine erfolgreiche Führung des Gasthofs zum Bären endete jäh. Am 21. Mai 1861 starb Rudolph Hipp überraschend mit 39 Jahren an einem Gehirntumor.

Seine Frau Sophie war ihm in Küche und Keller zur Seite gestanden und übernahm nun als Witwe die Verantwortung für den ganzen Gasthof, bald unterstützt von ihrem Sohn Hugo und den zwei Töchtern Emilie und Sophie. Auch sie hatte fortschrittliche Ideen. Ihr Weinsortiment, bisher bestückt mit württembergischen und französischen Sorten, erweiterte sie mit ungarischem Wein, der viele Liebhaber fand, so dass Sophie Hipp sich entschloss, in ihrem Haus ein Generaldepot des beliebten Ungarweins zu errichten. In der Zeitung war am 13. Januar 1867 zu erfahren: „Es ist jedermann Gelegenheit geboten, um billigen Preis was wirklich Feines und Ausgezeichnetes zu bekommen. 1854-iger Ofener Bloxberger Ungarwein, 1A Qualität, die ganze Flasche à 1 Gulden, die halbe Flasche à 30 Kreuzer, das Imi (ca. 18 l)

à 16 Gulden. Für die Güte und Echtheit, wie auch für nur ganz feine alte Ware garantiere ich."

Großes Essen zum Abschied

Im Herbst 1890 gab Sophie Hipp nach fast 30 Jahren die Leitung des „Bären" ab. Über das Abschiedsessen berichtete die Zeitung am 26. Oktober 1890: „Zu einem gastlichen Mahl versammelten sich vorgestern Abend im Gasthof zum Bären eine größere Anzahl von Herren, dem Offiziers- und Zivilstand angehörig, um der Familie Hipp, welche seit mehr als 30 Jahren in bekannter vorzüglicher Weise das renommierte Hotel zum Bären leitete, Lebewohl zu sagen. Bei dieser Gelegenheit wurde der Frau Hipp von den erwähnten Herren ein hübsches Andenken als Beweis der Dankbarkeit für die langjährige in jeder Weise ausgezeichnete Bewirtung und des allezeit liebenswürdigen Entgegenkommens überreicht. Einer der anwesenden Herren gab diesem Gefühl durch eine die Familie Hipp höchst ehrende Ansprache Ausdruck und gab der Hoffnung Raum, dass es derselben auch fernerhin recht wohl gehen möge, wie sie es auch redlich verdient hat."

Fabrikant Franck übernimmt das Haus

Am 5. November 1890 folgte eine weitere Abschiedsfeier: „Als vor einigen Monaten die Kunde durch unsere Stadt eilte, dass der Gasthof zum goldenen Bären in andere Hände übergegangen ist, da mag bei vielen ein Gefühl der Wehmut Platz ergriffen haben, bei den zahlreichen Fremden, die seit einer langen Reihe von Jahren in diesem Haus wohl versorgt und gut geborgen waren. Wo doch die umsichtige Führerin des Anwesens, Frau Hipp, aus Küche und Keller den Hungernden und Dürstenden stets das Beste gab, sodass während ihrer 38-jährigen umsichtigen und energischen Leitung das Geschäft sich hier und auswärts eines guten Rufes zu erfreuen hatte. Eine bedeutende Anzahl von Stammgästen und anderen Verehrern des Hauses folgte deshalb gerne der Einladung einiger Freunde, um sich zum letzten Mal zu einem einfachen Abendessen – das von besonderer Güte war – im großen Saal zu versammeln, in welchem erst ein vortrefflich geschultes Streichsextett des Artillerie-Trompetercorps hübsche Weisen ertönen ließ, bis endlich auch das Wort zur Geltung kam, nachdem die freundliche Wirtin inmitten der Gäste erschienen war, und von Reden wurde der ausgiebigste Gebrauch gemacht, alle gipfelten in dem Dank gegen die Frau Besitzerin und ihre Kinder und schlossen mit aufrichtigen und herzlichen Glück- und Segenswünschen für die Familie Hipp."

Zwei Wochen später starb ihr Sohn Hugo an einem Schlaganfall. Frau Sophie Hipp starb am 1. März 1897 mit 67 Jahren und fand auf dem Alten Friedhof an der Seite ihres Mannes die letzte Ruhe.

Im Herbst 1890 wurden in den früheren Speisezimmern zwei Klassen der Ludwigsburger Realanstalt untergebracht, was zu heftigen Diskussionen in der Ludwigsburger Bevölkerung führte: „Eignet sich der Bären zu einem Schullokal?" Der Fabrikant Franck hatte das Bärenanwesen gekauft, um die beschränkten Schulräume in der Stadt zu erweitern.

Von Dienstmädchen und Mägden

Dienstmädchen waren aus dem Alltag des 19. Jahrhunderts nicht wegzudenken. Das erklärt sich daraus, dass das aufstrebende Bürgertum damals zu mehr Reichtum und Ansehen gelangte. Die Folge: „Niedrige Arbeiten" ließ man gerne von anderen erledigen. Die Industrialisierung setzte diesem Gebaren allerdings ein Ende.

Bürgerliche, adelige und großbäuerliche Haushalte stellten im 19. Jahrhundert zunehmend Dienstmädchen und Knechte ein. Diese kamen meist aus den unteren sozialen Schichten der Bevölkerung. Sie verdingten sich als Arbeitskraft im Haushalt der „Herrschaften", entweder als „Mädchen für alles", oder es gab mehrere Hausangestellte, zum Beispiel noch eine Köchin und ein Kindermädchen. Je mehr Dienstboten man hatte, desto höher war das soziale Ansehen der Herrschaften. In der Regel kamen die Dienstmädchen nach Schule und Konfirmation mit 14 Jahren in einen Haushalt.

Sie arbeiteten meist nur so lange, bis sie die Mitgift zu einer Heirat beisammenhatten. Das dauerte oft viele Jahre, denn der Jahreslohn lag etwa 1829 in Ludwigsburg bei 24 bis 26 Gulden, 1831 zahlten manche Herrschaften sogar schon 36 bis 40 Gulden jährlich mit der Auflage: „Eine Magd von reinlichem Äußeren und ohne Anhang, die sich allen vorkommenden Geschäften in einer Mittelstand-Haushaltung mit Gewandtheit zu unterziehen getraut, aber hauptsächlich für einen einfachen Tisch gut

zu kochen versteht, findet einen Platz, wo sie sogleich eintreten kann, und wo ihr, wenn sie diesen Forderungen entspricht, neben einer freundlichen Behandlung ein Lohn von 36 bis 40 Gulden zugesichert wird. Das Nähere ist zu erfragen, Aspergerstraße 7, eine Treppe hoch." So wurde damals in der Zeitung geworben.

Wenig Geld und keine Freizeit

Doch die Erwartungen der Mädchen an die Arbeit in einem feinen Haushalt zeigten sich oft als nicht zutreffend. Nicht immer waren die Herrschaften den Dienstmädchen gut gesonnen, sie waren streng in der Auswahl und forderten in ihren Dienstgesuchen gute Eigenschaften wie sittlichen Charakter und Tüchtigkeit, Fleiß und Ehrlichkeit, Bereitwilligkeit und Eifer, Redlichkeit und Aufrichtigkeit sowie einen friedlichen Charakter. Die Dienstanträge der Mädchen in der Zeitung hörten sich dann öfters folgendermaßen an: „Ich sehe nicht auf ein hohes Gehalt, als vielmehr auf liebreiche Behandlung, welche ich auch zu verdienen bestrebt sein werde."

Die Dienstboten wohnten bei den Herrschaften im Haus, meistens in Kammern, die sich auf der Bühne befanden. Hier hatten sie einen mehr oder weniger privaten Rückzugsraum, wenn auch meistens sehr ärmlich ausgestattet und frei zugänglich. In Ludwigsburg wurde schon früh der Missstand erkannt, dass Dienstboten und Handwerksgehilfen bei Krankheiten keinen Anspruch hatten, ärztlich versorgt zu werden. 1836 bildete sich eine Initiative von Ludwigsburger Bürgern, die es sich zur Aufgabe machte, Dienstherrschaften zur Versicherung ihrer Dienstboten und Gehilfen anzuregen.

Im Dezember 1836 eröffnete das sogenannte „Privatkrankenhaus", in welchem erkrankte Dienstboten aufgenommen werden konnten, die von ihren Herrschaften mit zwei Gulden für männliche Dienstboten und einem Gulden 36 Kreuzer für einen weiblichen jährlich versichert waren. Da sich die meisten Ludwigsburger Familien an diesem städtischen Angebot beteiligten, entwickelte sich das Privatkrankenhaus zu einer Erfolgsgeschichte. Durch Überschüsse wurde es auch möglich, das Angebot auf unbemittelte arme Kranke auszudehnen.

Im ersten Jahr (1836/1837) wurden 187 Kranke im Privatkrankenhaus erfolgreich behandelt. Knapp 60 Jahre später, 1894, verfügte die Krankenanstalt schon über 100 Betten in 22 Sälen und Krankenzimmern und 889 Personen konnten in diesem Jahr verpflegt werden. Neben der privaten Dienstbotenversicherung gab es mittlerweile eine Krankenkasse für alle Arbeitnehmer.

Konnten sich die Herrschaften in der ersten Hälfte des 19. Jahrhunderts an einem Überangebot an Dienstpersonal erfreuen, änderte sich das schlagartig durch die immer mehr zunehmende Industrialisierung.

Junge Frauen gehen lieber in die Fabrik

Die jungen Frauen zog es nicht mehr in Privathaushalte, sondern sie suchten ihr Glück und das „schnelle Geld" in den Fabriken. In den folgenden Jahren setzte eine deutliche Verknappung des häuslichen Personals ein, die zu Ende des 19. Jahrhunderts in allen württembergischen Städten zu einer Dienstbotennot führte und in den örtlichen Zeitungen, wie auch der Ludwigsburger Zeitung, angezeigt wurde: „Zu einer Kalamität ist für die württembergische Hauptstadt und für die übrigen größeren Städte des Landes die Dienstbotenfrage geworden, und für die privaten Haushaltungen, wie für Hotels, Gastwirtschaften ist in diesem Jahr (1900) eine Dienstbotennot eingetreten, wie sie in ähnlichem Umfang früher auch nicht annähernd zu verzeichnen gewesen ist. Mehrere Umstände wirken zusammen, um diese Verhältnisse herbeizuführen.

1. Zunächst ist die diesjährige, ganz außergewöhnlich große Obsternte für viele Inhaber kleinerer landwirtschaftlicher Betriebe auf dem Land Veranlassung, die Töchter nicht wie sonst zum Dienen in die Stadt zu schicken, sondern sie daheim selbst zu beschäftigen, teils auf großen Obstplantagen und bei Weinbauern in Dienst treten zu lassen.

2. Auch in Württemberg nimmt die Industrie Jahr für Jahr mehr weibliche Hilfskräfte für sich in Anspruch, und die Mädchen gehen jetzt auch hier lieber in Fabriken, wo sie zwar nicht die Behaglichkeit des Familienanschlusses genießen, aber höhere Löhne und mehr freie Zeit zugesichert erhalten als im Dienstbotenverhältnis.

3. Ein weiterer Grund liegt in der Ursache, dass eine Anzahl Mädchen sich zwar zum Dienen ver-

dingt, aber nicht in Württemberg, sondern in anderen Städten Deutschlands, in denen sie nach den dort herrschenden wirtschaftlichen Verhältnissen höhere Löhne herausschlagen können.

In Ludwigsburg weiß auch manche Hausfrau ein Lied davon zu singen, wie unendlich schwer es ist, Dienstboten zu erhalten, und wie oft sie ein Auge zudrücken müssen, weil sie im anderen Fall riskiert, den betreffenden Dienstboten zu verlieren. Die Frage nach einer möglichen Abhilfe des Missstandes wird neuerdings häufig mit der Anregung beantwortet, an die Mädchen, welche eine gewisse Anzahl von Jahren in ihrer Dienststelle bleiben, Geldprämien zu verabreichen.

Ob freilich mit dieser Maßregel bessere Zustände herbeizuführen sind, scheint keineswegs sicher. Immerhin aber würde ein Versuch nach dieser Richtung von Interesse sein. Schließlich soll noch bemerkt sein, dass die Schuld an dem häufigen Wechsel der Dienstboten keineswegs immer an den Letzteren liegt; auch die Dienstherrschaften lassen es häufig im Verkehr mit ihren Dienstboten sehr an dem fehlen, was angesichts unserer völlig anders gewordenen sozialen Verhältnisse angezeigt und angemessen erscheint."

Immer Ärger mit den Hunden

Der beste Freund des Menschen - das sind Hunde bereits seit der Steinzeit. Und schon im 19. Jahrhundert sorgten sie für allerhand Diskussionen. Ihre Hinterlassenschaften und auch die Hundesteuer ärgerten die Ludwigsburger. Wenigstens die Hunderennen brachten reines Vergnügen.

Als in der Umgebung von Ludwigsburg im April 1878 wiederholt Fälle von Hundswut (Tollwut) auftraten und in Asperg ein Mann infolge eines Hundebisses gestorben war, richtete die Zeitung den dringenden Wunsch an alle Hundebesitzer, „sie möchten doch auch für das Publikum, namentlich an einem mit Hunden so übervölkerten Platz wie Ludwigsburg, mehr Rücksicht üben. Wenn dieser Wunsch auch nicht in direkten Einklang zu bringen ist mit dem Unglücksfall in Asperg, so bietet sich dadurch wohl mit Recht Anlass, die Hundebelästigung in öffentlichen Lokalen, Gärten usw. als längst berechtigte Klage von Seiten des Publikums zu bezeichnen."

Im 19. Jahrhundert waren es die Jahre 1832, 1841 und 1864, in denen die Tollwut besonders aggressiv wütete. Mit der strikten Anordnung, dass jeder Hund eingesperrt bleiben muss und mit Maulkorb zu versehen ist, und der Warnung, dass frei herumlaufende Hunde von der Polizei eingefangen und erschossen oder totgeschlagen werden, versuchten die Behörden der Seuche Einhalt zu bieten.

Sogar im Schlossgarten lagen die Hinterlassenschaften der Tiere

Im Mai 1860 hatte der Verschönerungsverein der Stadt auch den Schlossgarten in einen sauberen Zustand gebracht, und schon gab es Klagen über Hunde und ihre Besitzer und in der Zeitung war zu lesen: „Es ist für den ordnungsliebenden Spaziergänger sehr peinlich, zu sehen, wie Eigentümer unerzogener Hunde dieselben ungestört überall hineinlaufen, alles zerwühlen und zerkratzen und ihre Hinterlassenschaften überall hinsetzen lassen, ohne sie auch nur mit ein paar Worten zurechtzuweisen. Wenn auch das Mitnehmen der Hunde nicht gerade untersagt, so solle doch das Verbot gegeben werden, Hunde frei herum laufen zu lassen, vielmehr dieselben nur an der Leine führen zu dürfen."

Ein leidiges Thema für nahezu jeden Hundebesitzer war und ist die Hundesteuer. Schon lange fragen sich Hundefreunde, welchen Sinn die Erhebung dieser Steuer hat.

In Deutschland wurde erstmals 1809 die Hundesteuer als seuchenpolizeiliche Maßnahme eingeführt. Für Ludwigsburg galt die gesetzliche Verordnung vom 26. Oktober 1818: „Die Steuer für einen Hund ist jährlich auf 4 Gulden bestimmt und dieselbe erstreckt sich über alle Einwohner ohne Unterschied des Standes. Folgen-

de Ausnahmen finden statt: Einem Metzger werden für sein Gewerbe 2 Hunde freigelassen; ebenso wird dem Schäfer auf jeden Haufen Schafe ein Hund freigelassen; Junge Hunde, welche das Jahr hindurch zur Welt kommen, sind, solange sie von der Muttermilch leben, der Abgabe nicht unterworfen. Wer einen Hund zu verheimlichen und sich dadurch der Abgabe zu entziehen sucht, unterliegt der Strafe des Doppelbetrags der Abgaben für jeden Hund."

Im Laufe der Jahre erhöhte sich die Hundesteuer kontinuierlich. Im März 1893 hieß es in einer öffentlichen Klage in der Zeitung: „Unter hiesigen Bürgern, welche zum Schutz ihres Eigentums unbedingt einen Hund haben müssen, werden Klagen laut über die hohe Hundesteuer von jährlich 8 Mark. Warum werden diese unentbehrlichen und wichtigen Hunde gleich hoch besteuert wie die in so großer Zahl gehaltenen entbehrlichen Schoß- und Luxushunde? Wir bitten den verehrlichen Gemeinderat, diese Angelegenheit gefällig in Erwägung ziehen zu wollen."

Die pure Dekadenz: Feinste Mode für die Schoßhündchen

Im November 1886 wurde in der Zeitung die neue Pariser Hundemode für die Winterzeit vorgestellt: „Für Schoßhunde ist das Neueste eine Promenadenhülle in buntem Plüsch, mit Pelzwerk verbrämt, dazu für Sturmtage die gleiche Kapuze, die mit Bindebändern befestigt wird und Waldi und seinen Gefährten Kopf und Ohren wärmt. Für mäßige Tem-

STARTKLAR:
AMI·BELLA·BILL·BLESS
BUSCHMANN·CARO·FELDMANN
FLICK·HEKTOR·JOLI·LENOR·MARKO·
MARQUIS·POSA·MICHELE·MINERVA·
MOHRLE·MOLLY·MOSSE·NERO·PEDRIX·
PETER·SATAN·SCHNICK·SCHNAUZ·
SCHUFTERLE·SEMIR·SOURRY·SURRI
STUMRER·WALDMANN·WALDI

peratur sind plissierte Decken in gestreiftem Flanell modern, die mit koketten Schleifen am Unterleib zusammengebunden werden. Besonders elegante Hunde tragen am Morgen, nachdem sie gewaschen und frisiert wurden, Staubmäntel in Batist oder Leinen, welche vor den schädlichen und beschmutzenden Wirkungen der Außenwelt hüten. Die Hundehalsbänder sind nun zumeist aus Bandschleifen gebildet, zarte Geschöpfe sehen ihren Hals von Spitzenrüschen umrahmt, für große Hunde ist das Rehlederhalsband, mit Blumen eingestickt, das Neueste. Weiblichen Schoßhündchen bindet man nicht selten ein buntes Seidentüchlein um den Hals, in dessen Ecke der Name des Tieres eingestickt erscheint. Mehrere Pariser Häuser kündigen vollständige Hundeausstattungen zum Preis von 50-500 Francs an." Kommentar eines damaligen Ludwigsburger Zeitungslesers: „Da ist doch die Welt auf dem besten Wege, ein Narrenhaus zu werden."

Nun, Luxushunde sorgten aber auch für gesellige Abwechslung. Das am 3. November 1873 in Ludwigsburg angesetzte Hunderennen wurde folgendermaßen angekündigt: „Das letzte Hunderennen, das im Jahre 1859 hier abgehalten wurde, zog damals ein großes Publikum an und veranlasste sogar zu Extra-Eisenbahnzügen zwischen hier und Stuttgart. Die äußerst gelungene und belustigende Ausführung des damaligen Programms dient den diesmal aufgestellten Herren Komitee-Mitgliedern als Grundlage und wir dürfen einem Schauspiel entgegensehen, bei dem es an zwerchfellerschütternden Szenen nicht fehlen wird. Die zahlreiche Beteiligung seitens der Hundebesitzer bürgt dafür, dass das Unternehmen von allen Seiten Unterstützung findet. Also viel Vergnügen!"

Beim ersten Rennen der Dachshunde, Flachrennen mit Wurstbarrieren, Länge der Bahn 300 Meter, erhielt den 1. Preis: „Michele" des Rittmeisters Freiherr von Gemmingen; den 2. Preis: „Waldi" des Leutnants Hoyer. Beim zweiten Rennen der Pudel, Hindernisrennen, Länge der Bahn 300 Meter, erhielt den 1. Preis: „Flick" des Leutnants Bauer; den 2. Preis: „Marquis Posa" des Fabrikanten Eberbach. Beim dritten Rennen der Rattenfänger und Pinscher, Flachrennen mit Wurstbarrieren, Länge der Bahn 300 Meter, erhielt den 1. Preis: „Schnick" des Leutnants Eisenmann; den 2. Preis: „Schnauz" des Leutnants Krieg. Beim vierten Rennen der Hühnerhunde, Jagdrennen, Länge der Bahn 350 Meter, erhielt den 1. Preis: „Perdrix" des Leutnants Calwer; den 2. Preis: „Marko" des Rittmeisters Freiherr von Carlshausen.

Bei Kaufmann Lorenz gab es übrigens schon 1885 Hundekuchen zu kaufen. Sein Angebot lautete: „Bestes Hundefutter, Spratts Patent-Hundekuchen, ausgezeichnet mit 82 goldenen und silbernen Medaillen, alleinige Niederlage für Ludwigsburg und Umgegend bei P. Lorenz, Kirchstraße 2."

Attentat auf Prinz Wilhelm

Ein katholischer Fanatiker verübt im Oktober 1889 ein Attentat auf Prinz Wihelm. Der Anschlag misslingt zwar, trotzdem sind das Königshaus und die Stadt verunsichert. Da das Attentat vor der Marienwahl verübt wird, entsteht dort auf Kosten der Stadt ein neues Wachgebäude.

Als am 20. Oktober 1889, morgens um 9 Uhr, Seine Königliche Hoheit der Prinz Wilhelm sich mit der Prinzessin Pauline im Wagen zum Gottesdienst in der Stadtkirche aufmachte, feuerte ein anscheinend geistesgestörter Mann einen scharfen Revolverschuss von der Umzäunung der Villa Marienwahl aus auf seine königliche Hoheit ab. Glücklicherweise ohne denselben zu treffen. Der Attentäter wurde von der Schildwache sofort ergriffen und zunächst auf die Schlosswache verbracht. Prinz Wilhelm, welcher den Schuss nicht weiter beachtet hatte, erfuhr von dem Attentat erst nach der Rückkehr aus der Kirche.

Schon um 11 Uhr vormittags wurde ein Extrablatt zum Attentat in der Stadt ausgehängt: „Die Aufregung in allen Schichten der Bevölkerung ist eine sehr große, und als der Attentäter um 10 ½ Uhr gefesselt von der

Schlosswache aus durch den Stationskommandanten und einen Landjäger zum Amtsgerichtsgefängnis verbracht wurde, tat sich der Abscheu über die Untat unter dem rasch vor der Schlosswache angesammelten zahlreichen Publikum in drohenden Worten gegen den Verbrecher kund. Die Einwohnerschaft Ludwigsburgs, wie auch das ganze württembergische Volk danken aus tiefstem Herzen dem Allmächtigen, dass der schändliche Anschlag auf das Leben Seiner Königlichen Hoheit nicht gelang, und erflehen für Ihn und Sein Hohes Haus, Gottes Hand möge auch fürderhin schützend über Höchstdemselben und der ganzen königlichen Familie walten!"

Nachmittags um 14 Uhr fuhr Prinz Wilhelm zum Amtsgerichtsgefängnis, um sich den Verbrecher vorführen zu lassen. Der Attentäter gab an, er sei eigens zu dem Zweck hierhergereist, um Seine Königliche Hoheit zu ermorden, denn es sei höchste Zeit, dass Württemberg einen König katholischer Konfession bekomme.

Am 24. Oktober 1889 wurde in der Zeitung Näheres über den Attentäter berichtet: „Der Täter nannte sich zuerst Hermann Klaiber von Ulm, nahm jedoch diese Angabe als unwahr wieder zurück, nachdem die in Ulm an

gestellten Nachforschungen kein Resultat ergeben hatten. Er gab nun zwar seinen Namen als Gotthold Martin Müller von Oethlingen an, allein da er schon bisher bezüglich seiner Person gelogen hatte,

so wurde auch diese neue Namensangabe vom Untersuchungsrichter mit Misstrauen angesehen. Die Korrespondenz mit der Ortsbehörde von Oethlingen ergab jedoch, dass der Täter diesmal die Wahrheit gesagt hatte, und dass er der Sohn des vor einigen Jahren verstorbenen Fabrikanten Müller in Oethlingen, Oberamt Esslingen, einer in hohem Ansehen stehenden Familie ist. Am 23. Oktober, Mittwochnachmittag, erschien nun der Bruder des Täters in Ludwigsburg und machte über die Person seines Bruders solch eingehende Mitteilung, dass jeder Zweifel darüber ausgeschlossen erscheint, dass man es mit der Tat eines Verrückten zu tun hat. Derselbe soll schon in früher Jugend ein sonderbares Kind gewesen sein und an großem Hochmut gelitten haben. Im Juli dieses Jahres wurde der Arzt über seinen geistigen Zustand zu Rate gezogen, seither hielt er sich bei seiner Mutter in Oethlingen auf, benahm sich aber dort höchst verkehrt und trachtete, dieses Haus heimlich zu verlassen. Seine Angehörigen bewahrten ihn aber ängstlich, indem sie die Haustür bei Nacht schlossen. Doch in der Nacht des 19. Oktober gelang es ihm, durch das Fenster heimlich zu entfliehen."

Die Wachen erhalten eine goldene Uhr

Mit der Bahn machte er sich am frühen Morgen des 19. Oktobers 1889 von Esslingen nach Ludwigsburg auf den Weg. Er übernachtete in Ludwigsburg im Gasthaus zur Reichskrone in der Arsenalstraße 2, wo er sich aber nicht in das Gästebuch eintrug. Die gerichtlichen Untersuchungen nahmen ihren Fortgang, und nach Beendigung sollten die Akten nach Stuttgart übersandt werden, wo die Strafkammer über die Einstellung des Verfahrens entscheiden wollte.

Die beiden Gefreiten der 6. Kompanie des 3. Infanterieregiments Nr. 121, Reinhold und Schaaf, welche am Tage des Attentats vor der Villa Marienwahl Wache standen und in Gemeinschaft mit dem Kammerdiener Michael Hanselmann den Attentäter festnahmen, wurden im November 1889 vom Prinzen Wilhelm für ihr mutiges Einschreiten ausgezeichnet. Sie erhielten eine goldene Remontoir-Uhr als Geschenk. In die Deckel der Uhren ist je der Name Seiner Königlichen Hoheit und das Datum des Attentats, 20. Oktober 1889, sowie der Name der Beschenkten eingraviert.

Zudem wurden weitere Maßnahmen zur Sicherheit auf der Marienwahl angeordnet, berichtet die Zeitung: „Auf städtische Kosten wurde an der Ecke der Heilbronner- und Marienstraße ein kleines einstöckiges Gebäude zu dem Zweck erstellt, der militärischen Mannschaft, welche auf der Marienwahl Posten steht, als Wachlokal zu dienen. Bisher war dieses Wachkommando auf der ziemlich entfernt liegenden Schlosswache stationiert. Um nun dieses Kommando aus sicherheitspolizeilichen Gründen in nächster Nähe zur Marienwahl unterbringen zu können, was nach dem bekannten Attentat im Oktober geboten erschien, hatte die Stadt dieses Lokal erbaut und der Königlichen Militärbehörde zur Verfügung gestellt, welche dieses und das weitere Anerbieten der Beleuchtung und Beheizung desselben auf städtische Kosten gerne angenommen hat", war daraufhin am 11. Dezember 1889 zu lesen.

Die ungleichen Brüder Häberle

Im Jahr 1852 sorgt ein Brüderpaar für Schlagzeilen in Ludwigsburg. Während der eine das Geschäft seiner Eltern erfolgreich weiterführt, gibt sich der andere der Trunksucht hin. Neid und Missgunst bestimmen das Verhältnis der beiden, bis es zur Eskalation kommt.

Friedrich und Wilhelm waren Söhne des Uhrmachers Johann Georg Friedrich Häberle, der sein Geschäft in der Eberhardstraße 14 hatte. Häberle handelte nicht nur mit Uhren, sondern auch mit optischen Gegenständen, wie Thermometern und Barometern sowie Brillen und Brillengläsern. Infolge eines langjährigen Herzleidens verstarb er am 2. Februar 1851 mit 66 Jahren. Nur fünf Monate später, am 15. Juli 1851, folgte ihm seine 65-jährige Frau Juliane, eine geborene Nast.

Die Söhne Friedrich und Wilhelm Häberle, die beide das Uhrmacherhandwerk erlernt hatten, versicherten am 19. Juli 1851 in einer Danksagung in der Zeitung: „Das Geschäft wird in allen in die Uhrmacherei und Optik einschlagenden Fächern wie bisher fortgeführt, weshalb wir bitten, das unseren Eltern geschenkte Zutrauen auch auf uns zu übertragen."

Doch mit der beiderseitigen Geschäftsführung sah es nicht zum Besten aus, Neid und Missgunst vergifteten die brüderliche Beziehung. Friedrich war wütend auf seinen Bruder Wilhelm, weil dieser, wie er meinte, von seinen Eltern im Erbe bevorzugt und auch zur Leitung des Uhrmachergeschäftes verpflichtet wurde.

Wilhelm Häberle führte das Geschäft im Sinne seiner Eltern weiter, während Friedrich noch bei Uhrmacher Bacher in Stuttgart in Stellung war. Er galt hier als ein geschickter Arbeiter, doch Uhrmacher Bacher bedauerte zunehmend, dass sich Friedrich einem leichtsinnigen Lebenswandel hingab, der ihn verführte, statt der Arbeit lieber dem Essen und Trinken nachzugehen.

Am 6. Juli 1852 wurde Friedrich Häberle wegen einer bei seinem Dienstherrn unterschlagenen Uhr an die Polizei geliefert, kurz darauf aber wieder entlassen, nachdem der Uhrmacher auf eine Klage verzichtet hatte.

Die Verhaftung sah Friedrich als das Werk seines Bruders Wilhelm an. Am Tage nach seiner Entlassung von der Polizei in Stuttgart machte sich Friedrich auf den Weg nach Ludwigsburg, um zu zeigen, dass er unschuldig sei. Er war mit einem Messer bewaffnet und äußerte zu einem Bekannten, „er werde jetzt mit seinem Bruder fertig werden".

In Ludwigsburg ging er in mehrere Wirtshäuser, bis er um Mitternacht mit seinem Bruder Wilhelm zusammentraf. Dieser hatte mit seinem Freund August Rivinius bei Traiteur Kuhnle in der Schlossstraße 21 den Abend verbracht und war bereits in Richtung Kaffeeberg, als er seinem Bruder Friedrich gegenüberstand, der schon eine ganze Stunde vor der Wirtschaft Kuhnle gewartet hatte. Friedrich stürzte sich mit offenem Messer auf Wilhelm, zielte gegen seine Brust, jedoch ohne zu treffen.

Als August Rivinius sich zwischen die Brüder warf, richtete Friedrich sein Messer gegen Rivinius, verletz-te ihn erheblich am Kopf und wandte sich dann wieder seinem Bruder zu, stach mit dem Messer auf dessen Kopf, aber verletzte ihn nur leicht, da mittlerweile die Spitze des Messers abgebrochen war.

Im Dezember 1852 wurde vor dem Schwurgericht in Ludwigsburg gegen den „ledigen Carl Friedrich Häberle, Uhrmacher aus Ludwigsburg, wegen versuchten Mordes, bzw. Körperverletzung", verhandelt. Die Zeitung berichtete: „Seine Verteidigung führte Friedrich Häberle bei seiner Vernehmung mit äußerst

schwacher Stimme und gab an, damals an Selbstmord gedacht zu haben, und dass er viele Tage nichts gegessen hatte, um sich auszuhungern. In seinen Aussagen widersprach er sich immer. So sagte er, er habe seinen Bruder bei dem Streit nicht gesehen, und gesteht doch, ihm mit gezogenem Messer aufgelauert zu haben. Er leugnete, einen Groll gegen seinen Bruder zu hegen, und sagt wiederum, er zürne ihm, weil er von ihm finanziell bei seinen Eltern übervorteilt worden sei. Doch Briefe an seinen Bruder Wilhelm beweisen das Gegenteil. ‚Liebes Brüderlein! Ich weiß, dass Du schon lange auf meinen Tod wartest; ich habe mir nun aber vorgenommen, noch recht lange zu leben und werde gewiss noch zu Deinem Leichenbegängnis kommen.'"

Und zum Urteil heißt es: „Nach dem Spruch der Geschworenen wurde Carl Friedrich Häberle eines vorsätzlichen Mordes, den er in zurechnungsfähigem Zustand habe ausführen wollen, für schuldig erklärt, worauf der Gerichtshof auf 15 Jahre Zuchthaus erkannte."

Carl Friedrich Häberle verbrachte daraufhin zehn Jahre im Zuchthaus, der Rest der Strafe wurde ihm erlassen, da er sich bereiterklärte, nach Nordamerika auszuwandern. Die erforderliche Bürgschaft stellte ihm sein Bruder Wilhelm. Mit diesem Schachzug war zweierlei erreicht: Wilhelm hatte seinen unliebsamen Bruder los und der Staat sparte erhebliche Kosten mit der weiteren Unterbringung im Zuchthaus.

Schon um 1850 tauchte in Deutschland der Gedanke auf, die Auswanderung zum Instrument der Sozialpolitik zu machen. Die sozialen Probleme im Land, Überbevölkerung, Arbeitslosigkeit und Armut sowie die daraus resultierende Kriminalität, sollten durch den Export der davon betroffenen Menschen gelöst werden. So wurde die Abschiebung „wohlentbehrlicher Leute", wie es damals hieß, vorangetrieben.

Vier Töchter und am Ende ein Sohn

Das ging längere Zeit gut, bis die Vereinigten Staaten von Nordamerika strengere Vorschriften erließen. So wurde im Einwanderungsgesetz vom 3. März 1891 unter weiteren Paragrafen bestimmt: „Von der Einwanderung ausgeschlossen werden: Personen, welche wegen eines gemeinen Verbrechens oder eines Vergehens, dem eine moralische Schlechtigkeit zu Grunde liegt, verurteilt worden sind."

Da lebte Carl Friedrich Häberle aber schon 30 Jahre „im gelobten Land". Leider ist nicht bekannt, was aus ihm geworden ist.

Bruder Wilhelm konnte in Ludwigsburg auf jeden Fall ungehindert seine berufliche und familiäre Existenz festigen. Am 31. August 1852, kurz nach dem brüderlichen Streit, heiratete er Pauline Karoline Hauser aus Ludwigsburg. Sie hatten zusammen zwei Töchter. Mutter Pauline starb am 15. Mai 1858 an Brustkrebs. Ein Jahr später, am 6. März 1859, heiratete der Witwer die Schwester seiner ersten Frau, Marianne Dorothee Hauser. Wieder wurden zwei Töchter geboren, die jüngste starb – 14 Tage alt – an Brechruhr.

Am 12. Februar 1863 kam dann endlich der Stammhalter zur Welt, die Tradition der Uhrmacherfamilie konnte somit fortgeführt werden.

Endlich wieder Jahrmarkt!

Im 19. Jahrhundert gab es in Ludwigsburg dreimal im Jahr einen Jahrmarkt. Die Bevölkerung fieberte den Terminen immer sehnsüchtig entgegen, denn nie war es auf den Plätzen der Stadt spannender. Neben allen erdenklichen Waren gab es zum Jahrmarkt auch jede Menge verrückte Fahrgeschäfte.

Schon seit herzoglichen Zeiten gehörten zu den jährlichen Höhepunkten im gewerblichen und gesellschaftlichen Leben Ludwigsburgs die drei Jahrmärkte im Februar, Mai und November.

Der Februar- und der Novembermarkt litten vielfach unter den oft ungünstigen Wetterbedingungen, doch gab es auch Jahre mit prachtvollem Sonnenwetter.

Anfang November 1883 hieß es in der Zeitung: „Martinimarkt und Sudelwetter ist in den letzten 8 Jahren sprichwörtlich geworden. Am Ludwigsburger Martinimarkt, 2. November 1875 hatten wir Schnee, am 7. November 1876 war es kalt aber trocken, am 6. November 1877 prachtvolles Sonnenwetter, am 5. November 1878 schönes Wetter, 1879 Vormittagsregen mit Schnee untermischt, sehr rau, am 2. November 1880 sehr schön aber kalt, am 1. November 1881 prachtvoll, am 7. November 1882 schön und warm. Der November-Markt 1883 war für einen Novembertag recht angenehm und erträglich."

Anfangs nur als ausschließliche Verkaufsmärkte aufgestellt, entwickelten sie sich im Laufe der Jahre zu jahrmarktähnlichen Großereignissen. Am 3. November 1891 ist aus der Zeitung zu erfahren: „Die Vorboten des Jahrmarktes haben sich bereits Ende voriger Woche in stattlicher Zahl eingestellt, sodass es am letzten Sonntag, der mit dem 1. November auch den 1. Schnee brachte, an Volksbelustigung aller Art nicht fehlte. Auf dem Holzmarkt und dem Reithaus-Platz stehen Karussells und Schießstände usw. in mannigfacher Ausstattung, ganz besondere Anziehungskraft aber übte das Berg- und Tal-Karussell, Schweizer Rigi-Bahn genannt, auf Jung und Alt aus und namentlich gestern Abend war dasselbe bei brillantester Beleuchtung fortwährend vollständig besetzt."

Ein Jahr später gab es wegen Landestrauer keine Volksbelustigungen, am 30. Oktober 1892 war Königin Olga gestorben. Dafür wurde ein völlig neues Verkaufsangebot präsentiert: Die Wilhelmstraße belebten etwa 120 Wagen mit Krautköpfen von den Fildern.

Wie an einer Perlenschnur reihten sie sich auf. Dass auch genügend Publikum den Martinimarkt besuchte, dafür sorgte die Zeitung jedes Jahr mit Anzeigen und Hinweisen auf Angebote und Attraktionen.

Der November-Markt 1898 „machte sich gestern bereits durch zahlreiche Schaubuden und Attraktionen auf dem Reithaus-Platz, dem Holzmarkt usw. bemerkbar. Den Glanzpunkt bildete unstreitig die prächtig ausgestattete, mit reichen Perlstickereien versehene Riesen-Luftschiff-Schaukel, namentlich als dieselbe abends im Lichte mehrerer Bogenlampen und zahlloser Glühkörper erglänzte. Die Schaukel war bis zu später Abendstunde von Zuschauern und Fahrlustigen umdrängt. Weiterhin sind zu sehen eine illustrierte Galerie, welche die neuesten Tagesbegebenheiten bringt, ferner ein Illusionstheater mit Edisons Kinematograph, mehrere Schießbuden, ein lustiges Korkenschießen, dem gestern bloß die lustigen Schützen mangelten – unsere braven Vaterlandsverteidiger sind für derartige mittelmäßige Schießkunst nicht zu haben – ein Karussell in der alten bescheidenen Art, wo sich die Kinder belustigen, sowie mehrere Glücksspiele, an denen sich namentlich das Publikum mit bescheidenerem ‚Budget‘ fleißig mit seinen Nickeln beteiligte. Der Glückliche, der auf diese Weise ein paar Schoppen ‚schindete‘, zog dann jeweils, von

den weniger glücklichen Genossen mit neidischen Blicken verfolgt, zu seinem Stammlokal, um das Erworbene in ‚labendes Nass' umzusetzen. Wünschen wir all den ‚fahrenden' Geschäftsleuten gute Einnahmen über die beiden Markttage."

Doch als der Markt begann, „bot er vormittags einen wahrhaft kläglichen Anblick, da es unaufhörlich regnete. Von Käufern war wenig zu sehen; die Verkäufer und Verkäuferinnen standen, die Hände in den Hosentaschen oder unter dem Umschlagtuch versteckt, vor ihren Ständen und schauten mit resignierten Blicken nach dem grauen Himmel, der ihnen das erhoffte Geschäft verdarb. Manche Händler hatten überhaupt darauf verzichtet, auszupacken, da ihre Ware sonst Not gelitten hätte. Die Landbevölkerung, die zu den Märkten das Hauptkontingent zu stellen pflegt, ist ersichtlich ferngeblieben und die hiesige Bevölkerung fühlt sich ebenfalls in ihren 4 Wänden wohler als draußen im Sudelwetter. Die Aussichten sind demnach für die Händler wie auch für die Schaubudenbesitzer recht schlechte."

Ein Jahr später, 1899, war der Markt bei gutem Wetter wieder sehr belebt und die Zeitung berichtete: „Namentlich die Land-

bevölkerung stellte sich in großer Zahl ein. Lebhaft schien sich besonders das Geschäft auch auf den Spezialmärkten der Töpfer und Kübler, der Korbmacher und Schuhwarenhändler abzuwickeln. Freilich fehlte es auch nicht an Neugierigen, die, ohne einzukaufen, nur den obligaten ‚Marktbummel' machten; unter ihnen war die liebe Jugend besonders stark vertreten. Ziemlich lebhaft ging es auch bei den Schaubuden usw. auf dem Holzmarkt und dem Reithaus-Platz her. Halb abstoßend, halb belustigend wirkten wieder einzelne Verkäufer in der Marktstraße durch ihre mit fabelhaftem Aufwand an Lunge vorgebrachten und mit faulen Witzen reichlich gespickten Anpreisungen von Schals, Hosenträger usw., wie ‚s'Geschäft' zu machen ist, darüber gehen eben die Anschauungen auseinander. Jeder nach seinem Geschmack."

Ein schwerer Unfall ereignete sich am ersten Markttag abends an der „Epple'schen Schiffschaukel" auf dem Reithaus-Platz. „Die 21-jährige Caroline Rienhardt von Oßweil hatte mit einer Freundin in einer der Schaukeln Platz genommen und trieb dieselbe, trotz wiederholter Warnung seitens des Personals, so hoch, dass diese die Decke berührte. Als daraufhin die Schaukel angehalten werden sollte, ließ die junge Frau eine der Stangen los und wurde daraufhin mit solcher Gewalt aus der Schaukel und auf die Erde geschleudert, dass sie bewusstlos liegen blieb. Die Verunglückte, welche vermutlich schwere innere Verletzungen erlitten hat, wurde nach Oßweil verbracht. Eine Schuld an dem bedauernswerten Vorfall trifft das Personal der Schaukel nicht, wohl aber gilt hiermit eine dringende Mahnung an alle Freunde dieser Art von Belustigung, vorsichtig zu sein."

Eine Synagoge für Ludwigsburg

Im Dezember 1884 wurde die Ludwigsburger Synagoge eingeweiht. Sie war der ganze Stolz der jüdischen Gemeinde. Zur Eröffnung strömte alles, was Rang und Namen hatte, in der Stadt zusammen. Verwaltung, Militär, Kirchen und Bürger - sie alle feierten gemeinsam mit der jüdischen Gemeinde.

Am 10. November 1938 wurde die Ludwigsburger Synagoge von Nazis gestürmt und angezündet – unter den Augen zahlreicher Schaulustiger. Damit ging ein Kapitel der Ludwigsburger Stadtgeschichte, das gut 50 Jahre zuvor begonnen hatte, grausam zu Ende.

Anfang Februar 1884 kaufte die israelitische Gemeinde aus Ludwigsburg den Garten der Familie Weiß an der Ecke der Alleen- und Solitudestraße. Das Ziel: der Bau einer Synagoge. Der Entwurf stammte von Werkmeister und Gemeinderat Baumgärtner und der Kostenvoranschlag betrug 40 000 Mark. Sämtliche Arbeiten wurden an lokale Handwerksmeister vergeben, obgleich auch von auswärts günstige Angebote gemacht wurden. Im März 1884 wurde mit dem Bau begonnen.

Die Zeitung berichtete am 14. September 1884 über die ihrer Vollendung entgegensehende Synagoge: „Das Ganze, 13 m im Quadrat, hat im Innern eine Höhe von 8 m. In der Mitte des Gebäudes sind 4 steinerne Säulen, welche den Aufbau tragen und auf dem sich die Lichtlaterne befindet. Das Parterre, der sogenannte Männerraum, enthält 144 Sitzplätze und ca. 30 Kinderplätze, sowie die Allerheiligste Anlage mit Altar und Kanzel. Vom Altar aus ist die gegen Osten ausgebaute Lade zugänglich. Von der Vorhalle gelangt man auf zwei steinernen Treppen rechts und links zu den Garderoben, von welchen man wiederum auf die Frauenemporen, sowie auf die Orgel gelangt. Unter den Garderoben befindet sich das Schul-

zimmer und das Sitzungszimmer. Die ganze Synagoge wird mit Gas versehen, wobei hauptsächlich der in die Mitte zu hängen kommende Kronleuchter mit 25 Flammen hervorzuheben ist, der von einer Stiftung des israelitischen Wohltätigkeitsvereins angeschafft werden konnte. Die Heizung wird mittels zweier großer Mantelöfen bewirkt und die Orgel, gespendet von einer hiesigen Familie, wird nach einem, dem Stil der Synagoge angepassten Entwurf von den hiesigen Herren Walcker erbaut. Das ganze Äußere zeigt Backsteinrohbau. Sämtliche Fenster der Synagoge werden mit undurchsichtigem Kathedralglas verglast werden. Gegen die zwei Straßenseiten wird das Areal der Synagoge durch eine Fußmauer mit eisernem Zaun und gegen die Alleenstraße mit eisernem Eingangstor versehen werden. Auf den beiden übrigen Seiten wird das Areal durch einen Holzzaun abgeschlossen. Das ganze Anwesen macht auf den Beschauer einen höchst freundlichen Anblick und dem Erbauer, dem verstorbenen Stadtrat Baumgärtner, sowie dessen ältestem Sohn Fritz, der den Entwurf anfertigte, gewiss alle Ehre."

Am 19. Dezember 1884 wurde die neue Synagoge feierlich eingeweiht. Die Zeitung berichtete: „Die Einweihung hat einen überaus schönen und würdevollen Verlauf genommen. Aus allen Ständen und Be-

rufsklassen hatten sich die Gäste eingefunden, um an der Feier und Freude des Tages, die der hiesigen israelitischen Gemeinde beschieden war, teilzunehmen. Auf 3 Uhr am Freitagnachmittag war der Umzug vom seitherigen Betsaal im Elsas'schen Haus, Marstallstraße 4, in die neue Synagoge festgesetzt. In schöner

Ordnung bewegte sich dann der Festzug zum neuen Tempel. An der Spitze des Zuges befand sich die israelitische Schuljugend, ihr folgten der Synagogenchor, die Thoraträger, Rabbiner und Vorsänger, die Kirchenvorsteher, die Ehrengäste, die Bauleitung und Baukommission, die Gemeindemitglieder und sonstige Teilnehmer.

Unter den Ehrengästen befanden sich die höchsten militärischen Chargen hiesiger Garnison, mehrere evangelische Geistliche, die Rektoren der hiesigen höheren Lehranstalten, die bürgerlichen Kollegien, städtische Beamte usw. Die Mitglieder der Oberkirchenbehörde waren ebenfalls anwesend und Hunderte von Zuschauern hatten sich an den Straßen und an der neuen Synagoge aufgestellt, um den festlichen Zug zu betrachten.

Die ganze Stadt feiert die Einweihung

An der neuen Synagoge angekommen, wurde der Festzug von einer Anzahl weiß gekleideter Damen und junger Männer empfangen. An der Pforte überreichte das jüngste Mitglied des Synagogenchors, das Töchterchen des Kirchenvorstehers Dreyfuß, unter Vortrag eines Gedichtes auf einem blauseidenen Kissen dem ältesten Mitglied des Kirchenvorsteheramtes, Herrn Jakob Israel, die Schlüssel zum neuen Gotteshaus, sodann hielt der Erbauer, Herr Architekt Baumgärtner jun., eine sinnige Ansprache an die Versammelten. Danach erfolgte der Eintritt in die Synagoge. Der unter Leitung des Herrn Krauß in kurzer Zeit vortrefflich geschulte Synagogenchor brachte den Eintretenden einen Begrüßungsgesang entgegen. Die Orgel ließ ihre feierlichen Töne zum Gesang erklingen, hierzu die Farbenpracht und Ausschmückung im Inneren. Alles zusammen hielt die Sinne im ersten Eindruck gefangen. Nach dem feierlichen Einheben der Thorarollen in das Allerheiligste und die Einsegnung derselben erfolgte eine Rezitation des Gebetes ‚Ufnucho Jomar‘ und der Synagogenchor sang das Lied: ‚Mit dem Herrn fang alles an!‘ Nach dem Segnungsakt hielt Kirchenrat Dr. von Wassermann die Festpredigt, der er die Worte des Erzvaters Jakob, 1. Buch Mose Kap. 28, zugrunde legte: ‚Wie heilig ist diese Stätte. Hier ist nichts anders denn Gotteshaus und die Pforte des Himmels‘. Der erhebenden Festpredigt folgte ein Choral und ein Weihegebet und Vorsänger Schmal hielt hierauf den Abendgottesdienst.

Die anschließende feierliche Abendgesellschaft war ebenfalls sehr zahlreich besucht. Ein Hoch hielt Herr Eduard Israel auf die gute Frau Elsas, welche in so opferwilliger und uneigennütziger Weise das schönste Lokal ihres Hauses, Marstallstraße 4, der Gemeinde nahezu ein Jahr lang als Betsaal überlassen hatte. An den offiziellen Teil der geselligen Vereinigung schloss sich dann der dem Vergnügen geweihte an. Bis zur Mitternachtsstunde belegte eine gehobene und freudige Stimmung die zahlreiche Gesellschaft und auch ein vergnügtes Tänzchen durfte nicht fehlen.

Eine Deputation der israelitischen Gemeinde überbrachte anderen Tags als ein Zeichen besonderer Anerkennung Herrn Architekt Baumgärtner einen wertvollen Brillantring und dessen Bauführer, Herrn Messer, ein namhaftes Geldgeschenk.“

Diebstahl bei Fräulein Leonberger

Ein einsames Fräulein mit sehr viel Geld - die wohlhabende und alleinstehende Karoline Leonberger war zwischen 1878 und 1882 häufig das Opfer von Dieben. Kein Wunder: Einen Großteil ihres Vermögens bewahrte sie in bar zu Hause auf.

Das Haus in der Charlottenstraße 19 war Mitte des 19. Jahrhunderts Eigentum der Bäckermeisterfamilie Leonberger. Nach dem Tod der Eltern bewohnte die 64-jährige ledige Tochter Karoline Leonberger allein das elterliche Anwesen. Es war bekannt, dass Fräulein Karoline etwas schrullig war und niemandem recht traute. Im eigenen Haus meinte sie, ihr Geld am sichersten aufbewahren zu können, und noch unauffälliger in alten Zainen (Körben).

Dies musste ein mit den Lokalitäten Vertrauter erfahren haben, denn in der Nacht vom 6. auf den 7. November 1878 erwachte das Fräulein an einem Geräusch und sah, wie ein Mann, die Türe aufbrechend, in ihr durch eine Kerze matt erleuchtetes Zimmer kam, sich umsah, und dann ihr die Decke vom Bett riss und mit solcher Gewalt auf Kopf und Brust drück-te, dass sie dem Ersticken nahe war. Trotz ihrer Schreie eilte ihr niemand zur Hilfe.

Bis zum Morgen bleibt sie im Bett

Als sie wieder zu sich kam und die Decke vorsichtig beiseiteschob, war niemand mehr da. Verschreckt und zitternd verbrachte sie die restliche Nacht in ihrem Bett. Morgens entdeckte sie, dass eine hinter dem Ofen stehende Zaine mit etwa 1700 Mark in lauter Fünfmarkstücken in Silber abhandengekommen war und dass noch andere Kammern und Kisten nach Geld durchsucht waren, die abgeschlossene Schlafzimmertür war mit einem Hackebeil aufgebrochen worden.

Am 22. November 1878 ergaben sich bei der Untersuchung schließlich Verdachtsgründe gegen den Schuhmacher Albert Häcker, einen direkten Nachbarn von Fräulein Leonberger. Die Haussuchung ergab allerdings keinen überzeugenden Hinweis. Aus Mangel an Beweisen musste die Untersuchung gegen Häcker eingestellt werden.

Mittlerweile verdächtigte man zwei Hand-

werksburschen, Wundrack und Rinker, die schon öfters wegen verschiedener Delikte aufgefallen waren und bereits im Ludwigsburger Untersuchungsgefängnis einsaßen. Beide waren am 6. November 1878 aus dem Oberamts-Gefängnis entlassen worden, wo sie Schuhmacher Häcker, der sich wegen eines kleineren Deliktes bei ihnen in der Arrestzelle befand, kennenlernten.

Trotz Leugnens wurden die zwei Handwerksburschen wegen des dringenden Verdachts, den Raub auf Fräulein Karoline Leonberger verübt zu haben, zu mehreren Jahren Zuchthaus verurteilt.

Am Sonntagvormittag, 14. Juli 1879, erschienen auf der Charlottenstraße überraschend der Staatsanwalt mit Polizei und Landjäger, nahmen eine Hausdurchsuchung vor, und verhafteten auch noch den Schuhmacher Häcker.

Dem Vernehmen nach soll Rinker nach seiner Verurteilung dem Schwurgerichtspräsidenten den ganzen Hergang des Raubes gestanden haben, was zu dem Vorgehen an diesem Sonntagvormittag Anlass gab.

Nach langen Verhandlungen gab Schuhmacher Häcker zu, dass er den beiden Handwerksburschen, weil diese eine Gelegenheit zum Stehlen suchten, gesagt habe, neben ihm wohne ein altes Fräulein, das viel Geld habe und es zu Hause in Zainen aufbewahre. Weiter räumte er ein, dass er am 6. November 1878, nach deren Entlassung aus dem Ludwigsburger Gefängnis, mit den beiden auf seine Veranda gegangen sei, von wo dieselben sich das Haus der Leonberger ansehen konnten.

Als es Nacht wurde, ging Rinker auf Anweisung Schuhmachers zum Hoftor des Leonberger'schen Anwesens, während Häcker von seiner Veranda auf den Balkon gelangte und dann das Hoftor öffnete. Sie kletterten dann zusammen auf den Balkon, wo sie zwei Scheiben eindrückten und die Flügeltüren aushoben. Von dort kamen sie zuerst in die Küche, stiegen dann die Treppe hinauf und öffneten mit einem Beil die Schlafkammer des Fräuleins. Nachbar Häcker überwältigte die zu Tode Verängstigte und bemächtigte sich des Geldes.

Zurück in der Häcker'schen Wohnung erhielt Rinker 600 Mark als seinen Anteil, die größere Hälfte aber behielt Häcker für sich. Dem Burschen Wundrack wurden 100 Mark Schweigegeld ausgehändigt.

Fräulein Leonberger konnte in der Hauptverhandlung nicht zur Aufklärung beitragen, da sie den Mann, der in der Nacht zu ihr ins Schlafgemach eingedrungen war, nicht erkannt habe, weil er eine Mütze tief in sein Gesicht gezogen hatte.

Am 30. September 1879 wurde der 33-jährige Schuhmacher Albert Häcker vor dem Esslinger Schwurgericht wegen Beihilfe zu schwerem Diebstahl und Meineids, neben dem Verlust der bürgerlichen Ehrenrechte auf die Dauer von fünf Jahren, zu drei Jahren Zuchthaus verurteilt.

Knapp ein Jahr später erschien am Sonntag, 18. Juli 1880, folgender Bericht in der Zeitung: „Wie uns mitgeteilt wird, haben Leute, die keinen Unterschied zwischen Mein und Dein zu machen wissen, es wiederholt auf die klingenden Glücksgüter des Fräuleins Leonberger hier abgesehen. Kaum haben die letzten

Sucher nach den Talern der Genannten ihre wohlverdiente Strafe zu verbüßen angefangen, wurden Fräulein Leonberger schon wieder 800 Mark in Markstücken entwendet. Leichter wurde es diesmal, Anhaltspunkte betreffs der Täter zu bekommen, indem bereits zwei des Diebstahls dringend verdächtige Personen verhaftet wurden.

Eine Frau, die schon Dienste bei Fräulein Leonberger geleistet, sah sich angesichts der Vertreter des Gesetzes alsbald zur Herausgabe von 400 Mark veranlasst.

Der männliche Komplize machte sich verdächtig durch verschiedene Ausgaben, besonders durch ungewohnte Vorausbezahlung seines Mietzinses, ebenso durch Lustfahrten per Droschke in die Residenz Stuttgart. Ob noch weitere Mithelfer zu verzeichnen sind, wird die eingeleitete Untersuchung ergeben. Auffallend ist, dass die Frau des verhafteten Verdächtigen seit dessen Inhaftnahme verschwunden ist."

Vielleicht hat Fräulein Karoline Leonberger aus den Geschehnissen gelernt und ihr Geld der Sparkasse anvertraut, denn sie stand weiterhin im Visier von Dieben.

Im Juli 1882 wurde ihr zwar kein Geld gestohlen, aber der ganze Obstertrag von ihren „Zwerg-Birnbäumen" aus dem Hausgarten war samt der Zweige abgerissen worden. Zur Ermittlung des Täters stellte sie die nicht unbedeutende Belohnung von 50 Mark in Aussicht.

Der Betrüger Weihenmajer

1849 schockt ein schwerer Betrugsfall die Ludwigsburger. Der überaus angesehene Stiftungsverwalter Christian Weihenmajer hatte Tausende Gulden veruntreut. Darunter ist auch das hart ersparte Geld vieler einfacher Bürger, die ihr sauer verdientes Geld der Sparkasse anvertraut hatten.

In Ludwigsburg gab es in der Zeit von 1732 bis 1857 insgesamt 76 Stiftungen, die von der Stiftungsverwaltung betreut wurden. Die Zinsen der jeweiligen Gelder sollten zur Bestreitung der Bedürfnisse gemeinnütziger Anstalten, insbesondere aber der Armen und Kranken, verwendet werden. Die Jahresbesoldung eines Stiftungspflegers, einschließlich der Schreibmaterialien, war auf 350 Gulden festgesetzt.

Über viele Jahre betreute der Stiftungsverwalter Christian Weihenmajer dieses verantwortungsvolle Amt. Er wohnte in der Wilhelmstraße 17 und stand im Ruf, ein achtbarer und redlicher Mann zu sein. Außerdem war er als Agent der hier ansässigen württembergischen Sparkasse berufen, die am 1. Juli 1818 gegründet wurde. Diese Bank, die ebenfalls unter Aufsicht der Stiftungsverwaltung stand, verfolgte den Zweck, den ärme-

ren Bürgern und besonders den Dienstboten Gelegenheit zu geben, auch kleinere Ersparnisse mit Sicherheit auf Zinsen anzulegen und auf diese Weise einen Sparpfennig für Notzeiten zu haben.

Als sich Anfang Januar 1849 herausstellte, dass die Kassen der Stiftungsverwaltung nicht die nötige Ordnung aufwiesen und Stiftungsverwalter Weihenmajer als Schuldiger entlarvt wurde, vermutete man mit großer Sorge, dass auch die vielen armen Dienstboten und andere Personen, welche der Sparkasse ihre Ersparnisse anvertraut hatten, alles verloren hätten.

Am 10. Januar 1849 kam eine öffentliche Anfrage zur Unterschlagung des Stiftungsverwalters Christian Weihenmajer in der Zeitung: „Unsere, ohnehin nur spärlich dotierte Stiftungspflege hat einen herben Verlust erlitten. Es soll sich bis jetzt herausgestellt haben, dass Stiftungsverwalter Weihenmajer gegen 7000 Gulden Kapital unterschlagen hat, während er diese in der Rechnung noch fortführte und falsche Urkunden über dieselben ausstellte. Das sind traurige Entdeckungen. Wenn sich hierüber nur ein Schrei der Entrüstung erhebt, so fragt man sich, wie es komme, dass Weihenmajer noch ganz, als ob nichts geschehen, zu Hause, wenn auch unwohl, sich befindet, und dass eine schon Mitte Januar vom K. Oberamtsgericht angeordnete Vermögens-Aufnahme erst in den letzten Tagen vorgenommen worden ist."

Nach genauen Untersuchungen stellte sich heraus, dass Weihenmajer durch systematisch betriebene Unterschlagungen und Fälschungen nicht nur 7000 Gulden, sondern insgesamt 12 231 Gulden 27 Kreuzer an sich genommen hatte.

Weihenmajer führte über seine Einnahmen und Ausgaben zweierlei Tagebücher: ein geheimes und ein öffentliches. Aus dem geheimen stellte er beständig ein gefälschtes öffentliches Tagebuch her. Trotz strenger Prüfung war es offenbar weder bei der Rechnungsprüfung noch beim Kassensturz möglich, ihm seine Betrügereien nachzuweisen.

Betrübt wurde konstatiert, „hätte eine Verordnung bestanden, dass die Prüfung der Kapital-, Zins- und anderen Ausstände nicht durch den Rechner Weihenmajer selbst, sondern durch einen Dritten zu geschehen habe, so wäre unsere Stiftung jetzt nicht um 12 000 Gulden ärmer. Denn bei der ersten Rechnungs-Prüfung hätte ein solcher Betrug entdeckt werden müssen. Jetzt bleibt nur ein Staunen über solch' abgefeimte Betrügereien von einem Manne, der stets für einen braven Mann gegolten hat; ,darum trau', schau', Wem!"

Bis Mitte Februar 1850 befand sich der Betrüger Weihenmajer auf freiem Fuß, bis er am 17. Februar 1850 abends in seiner Wohnung in der Wilhelmstraße 17 verhaftet wurde: „Es ist nunmehr erhoben, dass außer den bereits bekannten Betrügereien des hiesigen Stiftungsverwalters Weihenmajer an städtischen und Stiftungs-Geldern, derselbe als Agent der württembergischen Sparkasse ca. 2427 Gulden unterschlagen hat, welches Geld meist armen Dienstboten gehört, die – wenn ihnen auch Ersatz geleistet wird – doch für jetzt ihren Verlust schmerzlich bedauern und bittere Verwünschungen über den treulosen Verwalter ausstoßen. Hoffen wir, dass bald darüber entschieden wird, ob und wann die Sparkasse den Betrogenen ihre Einlagen ersetzt."

Am 20. Februar 1850 wurde am Schwurgerichtshof im Schloss zu Ludwigsburg die Verhandlung gegen „Christian Weihenmajer, gewesenen Stiftungsverwalter, 64 Jahre, wegen Unterschlagung und Fälschungen" eröffnet. „Die Verhandlungen beginnen je vormittags 9 Uhr, bzw. nachmittags 3 Uhr, in dem hierzu eingerichteten Ordenssaal des K. Residenzschlosses. Der Eingang zu den Plätzen des Publikums ist im Inneren Schlosshof unter dem Portal der Ordenskapelle, Türe rechts. Der Eingang für die Zeugen und Sachverständigen, sowie für die Rechtsanwälte und Journalisten, denen die erste Bank, die allein mit Pulten versehen, vorbehalten ist, auf der hinteren Seite des dem Festin-Bau gegenüberstehenden Flügelbaus, durch das linke Portal, die Türe rechts. Die Gerichtsmitglieder und Geschworenen, sowie die mit Einlasskarten versehenen Personen, welche die Galerie über dem Richtertisch besuchen wollen, gehen auf der Nordseite von der Terrasse aus herein."

Der Angeklagte verzichtete auf das Verfahren vor den Geschworenen und bekannte sich schuldig. Der Gerichtshof verurteilte ihn am Ende zu sieben Jahren Zuchthaus, die er im Ludwigsburger Gefängnis verbüßte. Die ledige Tochter Marie Weihenmajer verkaufte kurz nach der Verurteilung in einer Auktion das Vermögen und den gesamten Haushalt des Vaters. Es wurden angeboten: „Einiges Gold, silberne Ess- und Kaffeelöffel, eine silberne Tabaksdose, eine Bilder-Bibel und sonstige Bücher, ein blautuchener Mantel, Manns- und Frauenkleider, auch einiges Leibweißzeug, Küchengeschirr, Betten und Bettüberzüge, Tischtücher, 53 Ellen Leinwand, 3 Rosshaar-Matratzen, Schreinwerk, worunter verschiedene Kästen, ein Sekretär, 2 Sofas, Sessel, Bettladen usw., sodann eine Standuhr, Spiegel, Fässer und allerlei Hausrat."

Nach der Auktion verließ Marie Weihenmajer Ludwigsburg und zog 1850 ins Kurfürstentum Hessen.

Ludwigsburgs erstes Kaufhaus

Dort, wo heute das Modehaus Oberpaur steht, entstand im Dezember 1899 das erste Kaufhaus in Ludwigsburg. Die Bürger waren fasziniert. Und mit der Eröffnung begannen auch die Großstadtträume der kleinen Barockstadt. Und die sind ja bekanntlich bis heute noch nicht ausgeträumt.

Die Adresse Asperger Straße 3 ist heute mit dem Modegeschäft Oberpaur verbunden. 2019 hat die Firma ihr 100-jähriges Bestehen in Ludwigsburg gefeiert. Im Dezember 1899 entstand an derselben Adresse aus dem bisherigen „Tapisserie-, Band- und Posamentier-Waren-Geschäft" von Carl Mayer das erste Kaufhaus in Ludwigsburg.

Im ausgehenden 19. Jahrhundert wurden in der Stadt durch Neubauten und Umbauten viele Geschäfte vergrößert und auch ganz neue eröffnet. Das bedeutendste unter ihnen – es rief besonders viel Interesse der Ludwigsburger hervor – war die Vergrößerung und Umgestaltung des Geschäftes von Carl Mayer.

Die Zeitung berichtete damals begeistert, „ist doch durch das neue Mayer'sche Geschäft unsere Stadt in den Besitz eines Kaufhauses gelangt, das nach Räumlichkeit, Zweckmäßigkeit der Anordnung, Gediegenheit der Ausstattung usw. jeder Großstadt zur Ehre gereichen würde."

1841 übernahm Carl Mayer nach dem Tod seines Vaters Johann Georg Mayer das Geschäft, das damals in bescheidener Form in der Kirchstraße 15 zu Hause war. Um 1860 kaufte Carl Mayer das Haus Asperger Straße 3 und führte hier sein Geschäft weiter.

Sein Sohn, Gustav Mayer, übernahm im Februar 1876 den bestens florierenden Laden und betrieb das Geschäft unter dem Firmennamen

„Carl Mayer Asperger Straße 3" erfolgreich weiter.

Aus dem ehemaligen „Tapisserie-, Band- und Posamentier-Waren-Geschäft" wurde dann ein Konfektionsgeschäft, das vorwiegend die Ansprüche des weiblichen Publikums bediente. Doch auch für Kinder und Herren standen Warentische mit passenden Angeboten bereit. Die Konfektionswaren waren in der Regel aus Baumwoll- und anderen Wollstoffen hergestellt. Kleidungsteile wie Kragen und Manschetten, die am meisten strapaziert werden, stellten verschiedene Firmen im 19. Jahrhundert aus Papier oder Gummi her. Papier wurde nach Gebrauch entsorgt, Gummimanschetten oder Gummikragen konnten abgewaschen werden.

Einem Ludwigsburger Herrn ist eine solche Gummimanschette fast zum Verhängnis geworden. Am 6. Oktober 1891 steht eine Warnung in der Zeitung: „Dass man beim Tragen von Gummimanschetten Vorsicht walten lassen muss, hat neuerdings ein hiesiger Herr an sich erfahren. Derselbe hatte sich vor einigen Tagen eine kleine Hitzebeule

am rechten Handgelenk zugezogen, welche durch das Scheuern der Gummistulpen aufgegangen war. Einige Stunden darauf war dem Betreffenden der Arm und die Hand angeschwollen, Anzeichen, dass er sich eine Blutvergiftung zugezogen hatte. Durch Gegenmittel ist es jedoch noch gelungen, weiteres Anschwellen zu verhindern und jede Gefahr zu beseitigen."

Detaillierte Beschreibung in der Zeitung

Da das Mayer'sche Geschäft weiter florierte, und sich der Inhaber bewusst wurde, dass zur vollen Befriedigung der Kunden ein reich ausgestattetes Lager Voraussetzung ist, wurde Anfang 1899 die Erweiterung des Hauses ins Auge gefasst, da sich die vorhandenen Räume nicht mehr als ausreichend erwiesen.

Der Umbau wurde nach den Plänen des Ludwigsburger Architekten Fritz Baumgärtner vom Baugeschäft Heinrich Kirschner ausgeführt und nahm den ganzen Frühling und Sommer in Anspruch. Die Bauarbeiten erstreckten sich in der Hauptsache auf Verbindung eines vorhandenen Hinterhauses mit dem Vorderhaus durch Überdeckung des Zwischenraums, wo sich das Büro befand, und Errichtung eines weiteren Hintergebäudes, anschließend an das Stammhaus.

Die Zeitung schreibt am 21. Dezember 1899: „Man staunt über den weiten Raum, der sich jetzt dem Besucher des Geschäfts darbietet. Es sind nunmehr ca. 360 m² Fläche vorhanden und es kann sich eine stattliche Zahl Besucher bewegen, ohne dass ein Gedränge entsteht. Der neugewonnene Raum erstrahlt von oben her in einer Fülle von Licht, das auch dem alten Ladenraum, dessen Anordnung bezüglich der Warenschränke usw. eine durchgreifende Änderung erfuhr, zugutekam. Selbstverständlich wurde auch für künstliche Beleuchtung ausgiebig gesorgt. Für angenehme Erwärmung der Räume im Winter sorgt eine im Souterrain untergebrachte Dampfheizungsanlage. Hier befinden sich auch die Lagerräume, die von einem Lichtschacht umgeben sind und auch durch Oberlicht erhellt werden.

Sollen wir uns nun auch noch über den Inhalt der zahlreichen Ausstellungskasten, welche, gleich allen übrigen Schreinerarbeiten, von Schreinermeister Frank hier gefertigt wurden, äußern? Wir glauben, uns diese Mühe sparen zu können, ist doch jeder Leser der Ludwigsburger Zeitung darüber unterrichtet, wie ungemein mannigfaltig das ist, was die Firma Mayer dem kaufenden Publikum und ganz besonders dem weiblichen Teil desselben zu bieten vermag. Nur das sei noch erwähnt, dass durch Errichtung zahlreicher Abteilungen, in denen nur gewisse Gegenstände untergebracht und zu haben sind, eine große Übersichtlichkeit erzielt wurde, die für den Geschäftsbesitzer wie das Publikum gleich praktisch und bequem ist, nicht minder als die zahlreichen, zur Aufnahme kleinerer Gegenstände dienenden eleganten Glaskästen, welche einen raschen Überblick über das Vorhandene gestatten. Jeder Besucher der neuen Räume wird es anerkennen, dass hier ein Kaufhaus entstanden ist, das unserer Stadt wie seinem Schöpfer zur Ehre gereicht!"

Das Chaos mit der Weihnachtspost

Das chaotische Treiben um die Weihnachtszeit ist keine Erfindung der Gegenwart. Schon im 19. Jahrhundert sorgten die Menschen mit einer Flut an Briefen und Paketen dafür, dass die Post kurz vor den heiligen Tagen - auch in Ludwigsburg - schier zum Erliegen kam.

Am 25. August 1887 bezog die Ludwigsburger Post die neuen Räume im Postgebäude an der Ecke Mylius- und Bahnhofstraße. „Vom Bahnhofvorplatz her tritt das Publikum durch ein architektonisch reich gehaltenes Portal in die beiden einfach, aber hübsch ausgestatteten Schaltervorplätze, und zwar links zu den Paket- und Postanweisung-Schaltern, rechts zum Schalter für Briefe und Zeitungen, neben welchem sich, wie auch außen am Gebäude in der Myliusstraße, ein Briefeinwurf befindet", berichtete die Zeitung bei der Eröffnung. Im Dezember 1887, pünktlich zum Weihnachtsgeschäft, eröffneten die Schalter des Filial-Postbüros im Oberamtei-Gebäude, Marktplatz 8.

Ludwigsburg, immerhin auf über 17 000 Einwohner angewachsen, konnte sich jetzt rühmen, zwei Postgebäude zu besitzen. Jedes Jahr, meist schon im November, richtete die Postverwaltung an das Publikum die Bitte, mit den Weihnachtsversendungen bald zu beginnen, damit die Paketmasse in den letzten Tagen nicht dermaßen überhandnehme, dass eine pünktliche Zustellung nicht mehr gewährleistet werden könne. Weiter heißt es: „Die Pakete sind dauerhaft zu verpacken. Dünne Pappkasten, schwache Schachteln, Zigarrenkisten usw. sind für zerbrechliche Sachen nicht zu benutzen. Die Aufschrift der Pakete muss deutlich, vollständig und haltbar hergestellt sein. Der Name des Bestimmungsortes muss stets recht groß und kräftig gedruckt oder geschrieben sein. Bei Fleischsendungen und solchen Gegenständen in Leinwandverpackung, welche Feuchtigkeit, Fett, Blut usw. absetzen, darf die Aufschrift nicht auf die Umhüllung geklebt werden."

Nicht nur die in alle nahe und ferne Welt verschickten Pakete und Briefe bedeuteten Überstunden für die Postbeamten, es trafen ebenso viele Postsachen in Ludwigsburg ein, „sodass mit Anspannung aller Kräfte gearbeitet werden musste, um diese Geschäftslage zu bewältigen. Sämtliche Beamten waren außergewöhnlich angestrengt und einzelne hatten bis zu 20 Stunden Arbeitszeit. Dass es der Postverwaltung gelang, die Be-

stellungen, ohne dass eine namhafte Verzögerung entstand, glatt und mit gewohnter Regelmäßigkeit abzuwickeln, verdient gewiss alle Anerkennung. Bei dieser Gelegenheit können wir nicht umhin, derjenigen zu gedenken, die in den letzten Tagen eine besonders heiße, mühevolle Arbeit hatten und den ganzen langen Tag hindurch fast ohne Aufhören treppauf und treppab zu steigen hatten, nämlich der Briefträger. Ihnen, die während des ganzen Jahres einen harten Dienst obliegen müssen und uns über Weihnachten und zum neuen Jahr so manchen freundlichen Gruß und Glückwunsch ins Haus gebracht haben, ist eine klingende Anerkennung ihrer bei jedem Wetter auszuübenden Tätigkeit wohl zu gönnen und so hoffen wir, dass sich recht viele finden, die auch dem Briefträger, dem vielgeplagten, eine kleine Neujahrsfreude bereiten."

Ein guter Beobachter im Postgebäude

In der Weihnachtszeit 1891 beobachtete ein schreibgewandter Ludwigsburger das rege Treiben im Postgebäude Bahnhofsvorplatz: „Wer zur jetzigen Zeit, gleich zu welcher Stunde, unsere Postanstalt betritt, dem wird nicht entgehen, dass gegenwärtig hier der Superlativ der Regsamkeit herrscht. Wahre Paketlawinen kommen und gehen und die Beamten haben offenbar Not, die andrängenden Massen zu bewältigen. Das Gefühl, welches uns alle beherrscht, dass Weihnachten vor der Tür steht, macht sich eben auch hier, auf der Post, bemerklich. Jeder, der auswärts etwas Liebes hat, dem er zum Christabend eine Freude machen möchte, hat sich sein Päckchen möglichst schon einige Tage früher für die Post zurecht gemacht, denn auch ohne amtliche Verordnungen und Bekanntmachungen sagt schon der eigene Verstand, dass bei dem Andrang nur auf diese Weise eine prompte Abfertigung zu erwarten sein darf.

Mitten in diesem geräuschvollen Treiben bietet sich aber für den stillen Beobachter Gelegenheit, manch hübsches ‚Bild aus dem Leben' zu erkennen. Man braucht durchaus nicht mit einem besonderen Scharfblick ausgestattet sein, um zum Beispiel sofort den gewohnheitsmäßigen von dem weihnachtlichen Postgänger unterscheiden zu können. Während der Erstere gewissermaßen mit gleichgültiger Routine seine Pakete zu den Schalterfenstern hineinschiebt und sich durch sein ganzes Auftreten und seinen Verkehr mit dem Beamten als bereits ‚hier bekannt' legitimiert, tritt der Letztere bescheidener, zaghafter, unsicherer auf und der Ausdruck im Gesicht spiegelt das Gefühl wider, dass das, was er hier bringt, für ihn etwas ganz besonders Wichtiges bedeutet. Da sehen wir häufig die Vermerke: ‚Vorsicht! Vor Nässe zu bewahren!' usw. auf den Paketen und Kisten. Auch die Personen, die ein- und ausgehen, unterscheiden sich wesentlich von denen des alltäglichen Postpublikums. So treffen wir das Ewig-Weibliche, welches für gewöhnlich nur durch eine rotbackige Küchenfee vertreten zu sein pflegt, jetzt in auffällig großer Zahl. Der niedliche Backfisch lässt es sich nicht nehmen, das Weihnachtsgeschenk für den auswärts sich befindenden Bruder selbst zur Post zu bringen. Die junge Braut, die sonst stets das Mädchen zur Post sandte, hält es für nötig, das für ‚Ihn' erarbeitete, mit Monogramm versehene rosenrote Zigarettenetui nebst den übrigen Kleinigkeiten eigenhändig hierher zu tragen.

Ein altes Mütterchen humpelt herein und keucht unter der Last einer mit einem Schloss versehenen Kiste, welche die Präsente für den in der Fremde arbeitenden Sohn enthält. Mit besorgnisvollen Blicken folgt sie jeder Bewegung des Beamten. ‚Es kommt doch noch recht an?' fragt sie. ‚Nach Hamburg?' entgegnet der Beamte, ‚Jawohl!' Befriedigt humpelt sie wieder heim, nicht jedoch, ohne sich erst noch einmal an der Tür nach ihrer Last umgesehen zu haben. Schlimm haben es die armen Postleute, aber das Pflichtgefühl des Beamten ist so groß in ihnen, dass sie mit immer gleicher Ruhe und ohne sich ihre Anstrengungen anmerken zu lassen, ihre Arbeit verrichten. Möchte ihnen das Publikum dieselbe erleichtern, damit auch ihnen das Weihnachtsfest ein Fest der Freude sei!"

INNENSTADT

BAHNHOF

ZENTRALER
BUSBAHNHOF

Die Firma Heinrich Franck & Söhne

Für die Industrialisierung haben in Ludwigsburg Firmen wie Franck gesorgt. Doch nicht nur das. Der Zichorien-Kaffee-Hersteller war im 19. Jahrhundert auch ein Vorbild für moderne Sozialprogramme, von denen die Arbeiter profitieren. Die Familie Franck erhielt dafür allerhöchstes Ansehen in der Stadt.

Im Dezember 2018 ging ein großes Kapitel der Ludwigsburger Industriegeschichte zu Ende. Mit Unifranck verlor Ludwigsburg auch den „ehrenvollen" Titel „Hauptstadt der Cichorie". Vielen Ludwigsburgern wird der vertraute Geruch nach gerösteten Zichorien oder geröstetem Malz in Erinnerung bleiben. Das war einmal …

Als die Firma Franck 1868 von Vaihingen/Enz nach Ludwigsburg zog und die Firmengebäude am Bahnhof sich noch im Bau befanden, wurde das Geschäft im Hinterhaus in der Myliusstraße 2 (heute Zeppelin-Apotheke) abgewickelt, berichtete die Zeitung am 15. März 1868: „Über den Anbau von Cichorien können von jetzt an in unserem Büro Akkorde abgeschlossen und Erkundigungen eingezogen werden. Für den Zentner bezah-

len wir in diesem Jahr den hohen Preis von einem Gulden. Samen wird zugleich mit abgegeben. Wir laden die Herren Landwirte von hier und Umgegend freundlichst ein, sich an dem Akkord recht lebhaft zu beteiligen."

Im August 1868 wurde in der Zeitung annonciert: „Zur Unterbringung von Arbeitern suchen wir hier und auch in den nächstgelegenen Orten Logis-, Schlaf- und Kost-Stellen für Familien: kleinere Wohnungen von 2–3 Zimmern mit dem nötigen Küchenraum; für ledige Leute: Schlafstellen mit oder ohne Kost-Verabreichung."

Im Dezember 1868 folgten die ersten Arbeiterinnengesuche: „Mädchen im Alter von 16 Jahren an finden dauernde Beschäftigung in der Fabrik von Heinrich Franck Söhne."

In den folgenden Jahren entwickelte sich die Firma Franck zu einem Erfolgsunternehmen, welches nicht nur dem wirtschaftlichen Streben alle Aufmerksamkeit widmete, sondern in gleichem Maße auf das Wohl seiner Arbeiter in hohem Grade bedacht war.

Als Erstes stiftete Fabrikant Hermann Franck,

Sohn des Gründers Heinrich Franck, dem Lokal des kaufmännischen Vereins ein schönes Piano mit der Absicht, „den Mitgliedern nach des Tages Geschäften und Mühen eine musikalische Unterhaltung zu verschaffen, für die Mitglieder entstehe aber auch die Pflicht und das Recht, von der nun gebotenen Gelegenheit recht häufig Gebrauch zu machen."

Im Herbst 1877 folgte die Eröffnung einer Kleinkinderschule in den betriebseigenen Häusern in der Leonberger Straße. Die Zeitung beschreibt dieses Ereignis am 14. September 1877: „Die Herren Fabrikanten Franck dahier, auf das Wohl ihrer Arbeiter in hohem Grade bedacht, haben in der Leonberger Straße zwei schöne Gebäude gebaut und sie zu Arbeiterwohnungen eingerichtet. In einem dieser Häuser befindet sich nun auch eine Kleinkinder-Bewahr-Anstalt, welche zunächst für die Kinder der Arbeiter, aber in liberaler Weise auch für andere Kinder geöffnet ist, in welcher bei Entrichtung eines kleinen monatlichen Schulgeldes – manche armen Kinder auch unentgeltlich – Aufnahme finden. Das freundliche Lokal, ganz nach Süden, hat von 3 Seiten Licht und ist reichlich mit Kinderspielen und Bildern ausgestattet. Nebenbei ist ein sehr netter Spielplatz, auf dem sich das kleine Volk tummeln kann unter den Augen einer sorgsamen Lehrerin. Abends ist das Lokal auch für Mädchen der Fabrik geöffnet, welche hier Gelegenheit haben, ihre Zeit mit Stricken, Nähen usw. auszufüllen.

Ehre und Achtung solchen Mitbürgern, die das Wohl ihrer Arbeiter so sehr im Auge haben! Namentlich aber ist es Herr Hermann Franck, welchem das große Verdienst gebührt, diese Anstalt ins Leben gerufen zu haben und welcher sie auch mit bedeutenden Geldopfern unterstützt. Beiläufig sei nämlich gesagt, dass die 30–40 Kinder pro Monat nur 30 Pfennig bezahlen brauchen."

Ein Jahr später besuchten schon 180 Kinder diese Kinderschule.

Am 15. März 1882 richtete die Firma Franck & Söhne einen Aufruf an ihre Arbeiter, der in der Zeitung veröffentlicht wurde: „Bleibt auf dem Lande!" Es sind darin die Vorteile aufgezählt, welche dem Arbeiter das Wohnen auf dem Lande gegenüber dem Aufenthalt in der Stadt bietet:

„1) der solide Arbeiter ist im Dorf ein geachtetes Gemeindemitglied;

2) auf dem Land stellt er sich ökonomisch besser, weil Frau und Kinder durch Feld- und Gartenbau und Halten einer Kuh oder Ziege zum Unterhalt der Familie beitragen und dem Mann die Annehmlichkeiten eines eigenen und gut versehenen Herdes bieten können, während in der Stadt die ganze Existenz der Familie vom Verdienst des Mannes abhängen;

3) auf dem Lande ist weit billiger zu leben, der eheliche Friede gesicherter und die Erziehung der Kinder erleichtert, schon weil im Ganzen dort einfachere Sitten und mehr religiöser Sinn herrsche, als in städtischen Arbeiterquartieren.

Die Direktion von Franck & Söhne legt so hohen Wert darauf, dass ihre Arbeiter auf dem Land wohnen, dass sie sogar deren Verbleiben in der Fabrik davon abhängig

zu machen entschlossen ist und vorzieht, den Hinausgezogenen Entschädigungen für die Eisenbahnfahrten, für vermehrten Aufwand an Schuhwerk usw. zu gewähren."

„Dass es die Gebrüder Franck zu Wohlstand gebracht haben, ist nur ein erfreulicher Beweis großer Umsicht, Tüchtigkeit, eiserner Tätigkeit und Sparsamkeit", heißt es am 29. April 1890 in einem Artikel. Das Erfolgsrezept wird gleich beigefügt: „Bei dem großen Arbeiterpersonal, das nicht allein von der Stadt entnommen werden kann, ist es selbstverständlich, dass auch auswärtige Arbeiter beschäftigt werden; nebst guten Löhnen ist seit mehr als 18 Jahren die Einrichtung getroffen, dass jeder Arbeiter eine Alterszulage bis zu 40 Pfennig täglich erhält; auch besteht in genannter Fabrik schon lange die Einrichtung, dass außer der gesetzlichen Krankenkasse noch eine von den Gebrüdern Franck gestiftete Hilfskasse besteht, welche, nachdem die gesetzliche Krankenkasse nur bis zur 13. Woche unterstützt, sogar bis zur 20. Woche und nach Bedürfnis noch länger, Unterstützung verabfolgt.

Dass keine älteren Arbeiter ohne besondere Veranlassung entlassen werden, beweist das vor 2 Jahren in so erhebender Weise hier öffentlich abgehaltene Altenfest, wobei viele ihr 20-, 25-, 30- und sogar 40-jähriges Dienstjubiläum feierten; ferner die Tatsache, dass heute noch über 100 Personen mit 12- bis 30-jähriger Tätigkeit im Geschäft sind, unter denen sogar 70- bis 80-jährige treue Arbeiter bei unverkürztem Lohne sich befinden.

Dass die Gebrüder Franck in Wort und Tat treue Anhänger ihrer Kirche sind, ist nur sehr nachahmenswert."

Besuch eines Auswanderers

An Weihnachten 1876 kommt ein US-Auswanderer zu Besuch nach Ludwigsburg. Gottlieb Ludwig Neppach hatte es im August 1867 als jungen Schreinergesellen nach Nordamerika gezogen. Die Eindrücke von der kurzen Rückkehr in seine Heimatstadt schildert er eindrucksvoll in der Zeitung.

„Nach einer längeren Reihe von Jahren, die ich größtenteils jenseits des Ozeans verbrachte und selbst bis nach Kalifornien vorgedrungen bin, wo so viele Deutsche einstens statt des viel begehrten glänzenden Goldes den Tod gefunden haben, bin ich vor einiger Zeit wieder nach Europa zurückgekehrt und es war seit längerer Zeit mein sehnlichster Wunsch, die Stadt wieder zu sehen, wo einstens meine Wiege stand. Vor wenigen Tagen nun traf ich mit vielen anderen Gästen, die Weihnachten, wie ich, bei Verwandten zubringen wollten, hier ein, und konnte es mir nicht versagen, noch am selbigen Abend einen Gang durch die Straßen zu tun.

Wie freute ich mich, die mannigfach geschmückten, in hellem Lichterglanz prangenden Christbäume betrachten zu können, die da und dort hinter den Fenstern zu schauen waren; wie wohltuend war der Jubel der fröhlichen Kinder, der in der Stille der Nacht bis auf die Straßen gedrungen ist. Wahrlich, man müsste allen menschlichen Gefühls bar sein, wenn in solchen Stunden nicht auch unser Herz aufjauchzte und uns mahnte an die Zeit, da auch wir um den lieblichen Weihnachtsbaum gestanden sind und unsere, wenn auch bescheidenen Geschenke, unter herzlichen Dankesworten in Empfang genommen haben.

Staunen beim Blick auf den Bahnhof

Mit ähnlichen Gefühlen begab ich mich zur Ruhe und träumte von der so schönen Jugendzeit, die nimmer wiederkehrt. Aber wie erstaunt war ich, als beim Erwachen das Dach meines Nachbarhauses in blendendem Weiß prangte! Am Christfest selbst stürzten die Flocken den ganzen Tag über kopfunter, kopfüber auf die Straßen herab. Dies konnte aber für mich kein Grund sein, hinter dem Ofen zu sitzen; nein, hinaus und einen Rundgang durch die Stadt antreten! Wie war ich erfreut, meine liebe Vaterstadt, die ich so lange nicht mehr gesehen habe, so zu ihrem Vorteil verändert, erblicken zu dürfen! Staunte ich schon beim Einfahren in

Frohes Fest

FROHE
WEIHNACHTEN
MERRY CHRISTMAS
JOYEUX NOEL
BUON NATALE
FELIX NAVIDAD

den Bahnhof über ein ganz neues Fabrikgelände, so war ich umso befriedigter, als ich erfahren durfte, dass dies ein gewerbliches Etablissement sei, das in der schönsten Blüte stehe und Hunderte von Arbeitern beschäftige.

Mein Staunen aber wurde nicht gemindert, als ich die neue Myliusstraße mit ihren ansehnlichen Gebäuden durchschritt, und wie viele andere neue und schöne Straßen sind seit meiner Abwesenheit entstanden. Und welch stattlicher Bau ist unsere Knabenschule geworden! Wie lange ist es doch her, dass auch ich mit pochendem Herzen, an der Hand meiner Mutter, die Treppe zu diesem Hause hinan stieg, um bei dem tüchtigen, aber etwas strengen Schulmonarchen Herrn Weiß das ‚ABC' zu erlernen. Auch den Rathaushof, wohin wir Buben so oft das bürgerliche Schützenkorps in seiner schmucken Uniform verfolgten, besichtigte ich, und freute mich über die schöne und praktisch eingerichtete Turnhalle.

Erinnerung an gute Würste

Als am Abend des Festes schon die Gasflammen in den Straßen hin und her flackerten und ihr Licht über die verschneiten Straßen warfen, war ich noch immer auf der Wanderung begriffen. Als ich in der Nähe einer Gaslaterne das Gasthaus zum Falken bemerkte, lief mir das Wasser im Munde zusammen. Wie mundeten einst die Würste, die damals unter den geschickten Händen des Wirtes entstanden sind. Nach kurzem Gedenken wanderte ich an der Ulanen-Kaser-

ne vorüber zurück zum Bahnhof.

Am 2. Weihnachtstag führten mich meine Schritte an der Garnisonsbäckerei vorüber dem Salon zu, wo neben den wirklich hübschen Villen die erst kürzlich erstellte Karlshöhe in Augenschein genommen wurde. Von hier entdeckte ich die mannigfachen Schornsteine, die sich etwas höher als gewöhnlich in die Lüfte recken, ein kräftiger Beweis davon, dass die hiesige Stadt in den letzten Jahrzehnten in industrieller Hinsicht anerkennenswerteste Fortschritte gemacht hat.

Von einem Nachmittagsspaziergang nach Monrepos kehrte ich mit einbrechender Dunkelheit über den Alleenberg in die Stadt zurück. Der Weg führte mich an dem neu entstandenen Bad im Englischen Garten vorüber. Freude und Jubel herrschte in dem schönen dekorierten Kursaal; dort feierte der Liederkranz sein Weihnachtsfest. Doch jetzt war es höchste Zeit, das Gasthaus Bären zu erreichen, zur Bescherung des Männergesangvereins, dem ich auch einstens als Sänger angehörte. Auch hier strahlte ein schöner Baum im hellsten Glanz, geschmückt mit wertvollen Gaben.

Bald war auch ich in den Strudel der Heiterkeit und Fröhlichkeit mit hineingezogen, die auch noch durch lobenswerte Bedienung und gutes Buffet ziemlich gesteigert wurden, so dass mir die Stunden nur zu rasch entflohen sind und mit der Auffrischung älterer Freundschaften manch neuer Bund geschlossen wurde.

Jahresabschlussfeier in der Stadtkirche

Sehr erfreut war ich, erfahren zu dürfen, dass von einer seit vielen Jahren bestehenden Sitte bis auf den heutigen Tag nicht Abschied genommen wurde: der Jahresschlussfeier in der Stadtkirche. Es war diese Feier zu meiner Zeit eine der erhebendsten kirchlichen Feiern im Jahr. Wie mir mitgeteilt wurde, soll darum am nächsten Sonntag der Nachmittagsgottesdienst ausfallen und mit dem am Abend 5 Uhr stattfindenden verbunden werden. Da das Kirchenopfer, wie ich ebenfalls erfahre, nach Abzug der nicht unbedeutenden Kosten wiederum den hiesigen Armen zugute kommen soll, so zweifle ich nicht, dass in unserer fröhlichen Weihnachtszeit, da ja alles gerne gibt, die Gaben recht reichlich fließen werden, damit – nachdem der Winter seit mehreren Tagen seine ernstere Seite zeigt – den Bedürftigen eine namhafte Unterstützung gereicht werden könne.

Doch ich habe schon viel zu viel Raum in Ihrem geschätzten Blatt in Anspruch genommen, bitte deshalb um Entschuldigung und rufe all denen, die mir während meines kurzen Besuchs wohlwollten, ein herzliches Lebewohl zu."

Nichts als Aberglauben

Die Zeit zwischen den Jahren ist gespickt mit abergläubischen Vorstellungen. Im 19. Jahrhundert sorgten diese zuweilen für ein Erliegen des öffentlichen Lebens. Denn weder Pferde noch Spinnräder noch die Wäsche sollten in diesen Tagen bewegt, gedreht oder gewaschen werden. Und auch Hülsenfrüchte waren für manche verboten.

Aberglauben und abergläubische Vorstellungen und Bräuche gab es zu allen Zeiten. Zu bestimmten Ereignissen des Lebens- und Jahresablaufs traten sie aber besonders häufig auf. Reste des Aberglaubens sind bis heute erhalten. Auch wenn wir uns für aufgeklärte Menschen halten, spuken in unseren Köpfen immer noch abergläubische Geschichten umher, die wir von Eltern und Großeltern übernommen haben. Haben wir nicht ein ungutes Gefühl, wenn uns eine schwarze Katze über den Weg läuft? Und passen wir an einem Freitag, den 13., nicht besonders gut auf?

Besonders über die langen Winternächte um die Wintersonnenwende und über die Zeit „zwischen den Jahren", also zwischen Weihnachten und Neujahr, die

133

auch die „heilige" oder „stille Zeit" genannt wird, sind unzählige abergläubische Geschichten im Umlauf.

Mir persönlich ist besonders im Gedächtnis, dass zwischen den Jahren nicht gewaschen werden durfte. Meine Mutter erzählte, wenn in dieser Zeit Wäsche an der Leine hängt und im Wind flattert, ist der Tod eines Familienangehörigen zu befürchten. Diese Angst steckt immer noch in mir und ich versuche, Wäschewaschen in dieser Zeit zu vermeiden. Und falls ich es doch tue, dann häufig mit einem schlechten Gefühl.

Am 14. Dezember 1899 veröffentlichte die Zeitung folgenden Bericht über den Aberglauben: „An keine Zeit des Jahres knüpft sich eine so große Zahl abergläubischer Regeln für Haushaltung und Geschäft, als an die Tage zwischen Weihnachten und Neujahr. Diese Tage führen in weiten Kreisen der Bevölkerung die Bezeichnung der ‚Zehn' oder auch ‚Elfe', womit das letzte Drittel des Monats Dezember bezeichnet werden soll, beginnend mit dem 21. Dezember, und endigt mit dem Jahresschluss. Da hat eine Hausfrau aus ihrer Heimat das strenge Verbot der Mutter mitgebracht, in den ‚Elfen' kei-ne Hülsenfrüchte zu kochen, weil sonst Krankheiten in der Familie ausbrechen oder der häusliche Wohlstand zurückgeht.

Eine andere weigert sich auf das Eifrigste, in dieser Zeit eine Reise zu unternehmen und Reisende, die öfter Lohnfuhrwerke engagieren müssen, haben sicherlich die Erfahrung gemacht, dass in ländlichen Gegenden zwischen Weihnachten und Neujahr die Landleute nicht zu bewegen sind, eine Lohnfuhre anzunehmen, obwohl die Pferde untätig im Stall stehen, denn nach dem Glauben der Leute hat solche Fuhre ein Unglück zur Folge: ‚Die Pferde fallen oder der Fuhrherr fährt sich ein Unglück ins Haus.' Fast alle erwähnten Gebräuche bzw. Verbote sind auf den Sonnenkultus vorchristlicher Zeit zurückzuführen. Die allbelebende Sonne stand nach dem Glauben unserer Altvorderen 10 oder richtiger gerechnet 11 Tage still, ehe sie sich wieder zurückbewegte. Ihr zu Ehren musste alles ruhen, was an Form oder Bewegung dem Sonnenball glich: vor allem das Rad musste ruhen, das zum Einfahren der von der

Sonne erzeugten Ernte diente, und mit seinen Speichen symbolisch die Sonnenstrahlen wiedergab.

Noch heute trägt am Weihnachtsabend in Schlesien und wohl auch in anderen Gegenden die Hausfrau sämtliche Spinnräder auf den Hausboden, um sie bis nach Neujahr außer Gebrauch zu stellen. Aber auch alles, was in eine rollende Bewegung geraten konnte, musste ruhen, und dieser Grundsatz erstreckte sich auch auf die kleinsten Gegenstände: auf Hülsenfrüchte, Erbsen, Linsen usw. bis auf den Wassertropfen. Der rollende Tropfen war besonders bedeutsam und auf das Gefrieren der Tropfen, auf die Eisbildung in den ‚Elfen‘ wurde genau geachtet, denn sie war von Vorbedeutung für die Zukunft. Hieraus hat sich augenscheinlich der Gebrauch des Bleigießens entwickelt, wobei das geschmolzene flüssige Blei in ein Gefäß mit Wasser geschüttet wird. Aus den dabei erzeugten Gestalten des Bleis prophezeiten und prophezeien noch heute kluge Frauen die Zukunft der Personen, welche den Guss vornehmen.

So lassen sich in fast allen Gebräuchen während der ‚Elfen‘, ja sogar an unseren Weihnachtsbaum und seinen Lichtern die Überbleibsel einer Licht- und Sonnenverehrung nachweisen, die in dem großen Julfest der nordischen Völker ihren hervorragendsten Ausdruck fand. Bei diesem Julfest wurden in heimlicher Weise Geschenke demjenigen, dem sie zugedacht waren, ins Haus geworfen, eine Sitte, die noch heute in Pommern und Schweden besteht und dort als ‚Julklapp-Werfen‘ bekannt ist. Durch diese Geschenke sollte der feierlichen Anerkennung Ausdruck gegeben werden, dass alles, was die Erde bezeugt, Geschenke der Sonne sind.“

Wie im übrigen Württemberg gab es auch in Ludwigsburg am 28. Dezember einen Nachweihnachtsbrauch, den sogenannten „Pfeffertag“, der von den Kindern veranstaltet wurde. Pfefferkuchen sowie das Schlagen mit Ruten, das Verpfeffere, und das dazugehörige Singen von Bettelversen spielten dabei eine Rolle. „Pfeffer, Nüsse, Küchle raus, oder i laß de Marder ins Hehnerhaus“ war zum Beispiel so ein Bettelvers. Diese Tradition löste aber nicht nur Begeisterung aus bei den Erwachsenen, da auch viel Unfug dabei getrieben wurde.

Am 23. Dezember 1887 sprach sich ein besorgter Bürger der Stadt in einem Leserbrief gegen diesen Pfeffertag aus: „Die liebe Weihnachtszeit ist eine Zeit, auf welche sich auch die Armen freuen und das mit vollem Recht. Sind doch in dieser Zeit die Menschenherzen weit. Wer wollte es darum wehren, dies zu tun? Alle sind wir in der lieben Weihnachtszeit nicht bloß zum Nehmen, sondern auch vielfach zum Geben bereit. Aber dem gemeinen, zum Teil frechen Bettel, wie er bald wieder in den Häusern gerade in dieser Zeit ausgeübt wird, wollen wir nicht mehr tatenlos zusehen. Auf diesen groben Unfug wollen wir hinweisen, auf die unverschämte Bettelei, das sogenannte ‚Pfeffern‘ der Kinder in diesen Tagen. Mögen manche dieses ‚Betteln‘ als eine unschuldige Freude der Kinder ansehen, wir sehen es anders und in dieser Meinung werden wir von vielen bestärkt. Auch der Einwand, diese Unsitte oder Sitte rühre aus der guten Zeit her, ist durchaus nicht stichhaltig, da nicht mehr so vieles von früher her auch in unsere Zeit passt. Es wäre also gewiss nur ein ganz bescheidener Wunsch und Bitte an die Eltern, ihren Kindern das sogenannte Pfeffern strengstens zu untersagen.“

„Wenigstens eine Frau soll gewählt werden"

Als die Frauen 1918 das Wahlrecht erhielten, machten viele davon rege Gebrauch. Etwas holprig war der Start aber für weibliche Abgeordnete. Als Anfang 1919 ein neuer Gemeinderat für Ludwigsburg gewählt wurde, gab es zwar viele Kandidatinnen, aber keine erhielt genug Stimmen.

Die Errungenschaft des Frauenwahlrechts legte 1918 einen wichtigen Grundstein für die gesetzliche Gleichberechtigung von Frauen und Männern. Erst nach Ende des Ersten Weltkrieges brachte die politische Umwälzung den Frauen das längst erstrebte Wahlrecht.

In Ludwigsburg war es Gertrud Bohnet vom Goetheplatz 5, die sich gleich nach dem Krieg mit vollem Einsatz in der Frauengruppe der Volkspartei engagierte.

Am 12. Januar 1919 konnten Ludwigsburgs Frauen das erste Mal bei der Gründung der „württembergischen Landesversammlung" von ihrem Wahlrecht Gebrauch machen. Eine Woche

RATHAUS

INS RATHAUS

später, am 19. Januar 1919, fand mit der Wahl der „Deutschen Nationalversammlung" die erste gesamtdeutsche Wahl statt.

Die Frauen gehen wählen, aber sie werden nicht gewählt

In einem Bericht der Zeitung heißt es über das Ergebnis der Wahl zur Deutschen Nationalversammlung: „Die Beteiligung am Wahlakt war recht rege und insbesondere die Frauen haben ihre Pflicht durchaus erfüllt. 82 Prozent der Stimmberechtigten sind zur Urne gegangen."

Die einzige württembergische Frau, die ins Reichsparlament nach Berlin einzog, war Anna Blos, die Gattin des Ministerpräsidenten Wilhelm Blos. Das war zunächst eine große Enttäuschung für alle wahlberechtigten Frauen in Württemberg.

Jetzt richtete sich der Blick der Ludwigsburger Frauen erwartungsvoll auf die Gemeinderatswahl am Sonntag, 18. Mai 1919. Das Ergebnis war allerdings erneut niederschmetternd. Obwohl das Frauenwahlrecht eingeführt war, wurde keine der nominierten Ludwigsburger Frauen in den Gemeinderat gewählt. Aufgestellt waren in den Parteien folgende Frauen: Zentrumspartei: Maria Brändle (sie bekam 410 Stimmen), Maria Hartwig (391 Stimmen), Bertha Huber (432 Stimmen), Maria Jünnemann (383 Stimmen), Eleonore Sauter (403 Stimmen).

Sozialdemokratische Partei: Josephine Schütz (2579 Stimmen), Eugenie Maier (1081 Stimmen), Helene Ade (1042 Stimmen).

Unabhängige Sozialistische Partei: Anna Ahles (1010 Stimmen), Elise Feeser (1018 Stimmen).

Deutsche Demokratische Partei: Gertrud Bohnet (2650 Stimmen), Bertha Kopp (1206 Stimmen), Johanna Schmidt (1655 Stimmen)

Bürgerpartei: Julia Truckses (897 Stimmen), Charlotte Burkart (973 Stimmen), Johanna Göller (1499 Stimmen), Anna Nüßle (621 Stimmen).

In der späteren Gemeinderatssitzung sprach Oberbürgermeister Dr. Hartenstein sein Bedauern darüber aus, „dass es keiner Partei gelungen sei, eine Frau auf das Rathaus zu bringen, und doch seien die Frauen mit ihrem auf das praktische – wenn auch weniger auf das parteipolitische – gerichteten Blick besonders geeignet zur Mitwirkung in der Gemeindeverwaltung, wie selbst von Gegnern des Frauenwahlrechtes früher anerkannt worden sei. Es besteht für uns die Pflicht, dieses Wahlergebnis insoweit zu korrigieren, dass wir Frauen zumindest in solche Abteilungen wählen, wo ihr Rat am wertvollsten und unbestrittensten sei, wie auf dem Gebiet der Erziehung und des Fürsorgewesens."

Im November 1919 stand in Ludwigsburg die Wahl der Evangelischen Stadtkirchengemeinde an. Aufruf einer Ludwigsburgerin in der Zeitung: „An alle Frauen Ludwigsburgs! Bei der bevorstehenden Neuwahl des Kirchengemeinderates wird es sehr begrüßt, wenn wenigstens eine Frau gewählt würde. Ich, die ich die Welt kennengelernt habe, bin sonst nie so sehr dafür gewesen, dass sich Frauen in der Öffentlichkeit viel hören lassen; aber nun ist es etwas anderes; man hat uns das Wahlrecht in den

Schoß gelegt, und wer Rechte hat, hat auch Pflichten!

Erst im November 1919 ist ein erstes Ziel erreicht

Wir müssen unbedingt unsere Gleichgültigkeit aufgeben. Eine jede rechtdenkende Frau hat die Pflicht, am Aufbau unserer deutschen Heimat mitzuwirken. Und seien wir ehrlich: ist es nicht die Frau, die in der ganzen Welt den größten Einfluss ausübt, sei es zu Hause im Familienkreis, wo man ihren Einfluss hauptsächlich an den Kindern, aber auch am Mann gut merken kann. Der Segen eines Hauses ist unbestritten: eine verständige christliche Hausfrau. Und darum würde auch ich es mit Freuden begrüßen, wenn wenigstens eine Frau in den Kirchengemeinderat aufgenommen würde. Es muss uns Frauen und Müttern unser Volkswohl und unseres Volkes Zukunft unbedingt am Herzen liegen, sonst haben wir kein Recht, uns ‚Deutsche Frauen‘ zu nennen."

Zur Kirchengemeinderatswahl wurden 24 Kandidaten aufgestellt, darunter sechs Frauen: Anna Benz, Frau Stadtgeometer Gabler, Johanna Göller, Frau Dr. Hartenstein, Fräulein Johanna Schmidt Lehrerin, Emma Schopfer-Rupp.

Am Dienstag, 16. Dezember 1919, war mit Freuden in der Zeitung zu lesen: „Dem Ludwigsburger Kirchengemeinderat wird erstmals eine Frau angehören. Frau Stadtgeometer Gabler bekam 1085 Stimmen. Auch in Oßweil wurde eine Frau, Frau Karoline Etter, Schultheißen Witwe, in den Kirchengemeinderat gewählt."

Kein überwältigendes Ergebnis, aber immerhin ein Anfang.

Auch der deutsche Meister fängt klein an

Skurrile Preise, schreckliche Unfälle: Der Schießsport ist eine der ältesten Sportarten Ludwigsburgs. Doch auch bei den Schützen war der Beginn holprig.

Das Sportschießen hat in Ludwigsburg eine lange Tradition. Schon zu Anfang des 19. Jahrhunderts traf sich eine Schützengesellschaft im Wintermantel'schen Garten, später als Englischer Garten bekannt, in der Asperger Straße 49. Die Zeitung berichtete jeweils in den Sommermonaten ausgiebig über die Veranstaltungen dieser Gesellschaft. In einer Anzeige vom 17. Mai 1825 heißt es: „Beim Schießen ‚auf den Laufenden Hirsch' kostet die Einlage für 4 Steckschuss 4 Gulden, für einen Schnappschuss 6 Kreuzer. Die Entfernung der Scheiben beträgt 100 Schritte (etwa 60 bis 70 Meter) und es wird aufgelegt geschossen." Die Gewinne, die Ludwigsburger Bürger und Kaufleute stifteten, ließen sich sehen: Silberarbeiter R. Häberle spendete im August 1820 Silberwaren im Gesamtwert von 120 Gulden als Preise.

Im März 1842 genehmigte die Stadtgemeinde das Anliegen, ein Gebäude zur Ausübung des Schützensports auf Kosten der Stadt am Ende der Talstraße, heute Schützenplatz, zu bauen. Die Bauüberlegungen zogen sich bis in den Herbst 1843 hin, besonders die Finanzierung durch die Stadtkasse wurde zu einem Zankapfel. Daraufhin verbürgten sich einige Bürger, Kapital vorzustrecken. Das sollte die neu gegründete Schützengesellschaft von Gewinnen bei Schießunterhaltungen und aus den monatlichen Beiträgen der Mitglieder zurückzahlen.

Die Hoffnung bestand, dass „viele Bürger mit Vergnügen bereit sein werden, auf diese Weise zur Herstellung eines Unterhaltungsortes beizutragen, der hier mehr als irgendwo ein Bedürfnis ist". Und die Rechnung ging auf.

Ein Jahr später, im September 1844, berichtete die Zeitung: „Der Bau des neuen Schießhauses schreitet rasch vorwärts. Die provisorische Direktion beabsichtigt, ein Probe-Scheiben-Schießen für die hiesigen und die Schießfreunde der Umgegend zu veranstalten, jeder ehrbare Mann ist freundlich willkommen. Zudem werden die Statuten der Gesellschaft im Schießlokal angeschlagen und eine Liste aufgelegt, um sich zum Beitritt zur hiesigen Schützengesellschaft zu erklären.

Auf vier Ständen wird aufgelegt und auf zwei Stän-

den aus freier Hand geschossen, es bleibt jedem Anwesenden überlassen, an einer oder an beiden Arten teilzunehmen. Die Einlage ist für die drei ersten Schüsse ein Gulden 12 Kreuzer; weitere Schüsse werden nach Belieben abgegeben und kosten je neun Kreuzer. Es werden je drei Prämien abgegeben und nach Abzug der jeweiligen Unkosten kommt jede Art auf je zwei Gulden als Preis zu stehen. Für Bewirtung auf dem Platz ist gesorgt."

1845 gründet sich die Schützengilde

Am Montag und Dienstag, 23./24. Juni 1845, wurde das neue Schießhaus durch ein Festschießen eingeweiht. Außerdem fand vor dem Schießhaus ein Freischießen statt. Dafür wurde der Weg am Schießplatz vorbei in Richtung Asperger Tor für den Durchgang gesperrt. Da an den beiden Festtagen mit vielen auswärtigen Gästen gerechnet wurde, sorgte die Festgesellschaft durch Aufstellung von Zelten und Tischen für genügend Platz. Im Schießhaus selbst, wo das Wettschießen stattfand, war der Zutritt nur den Herren Schützen und den beim Schießen beschäftigten Personen gestattet. Mit der Eröffnung des neuen Schießhauses konstituierte sich auch die neue Schützengesellschaft, deren Statuten schon bei einem Treffen am 28. Mai 1844 im Gasthof zur Sonne vorgelegt worden waren.

Zu Schießübungen der „Schützengesellschaft" wurde jeder erste Samstagnachmittag im Monat bestimmt, der am 3. Mai 1845 mit einem Nummernschießen begann. Der Schlüssel zum Schießhaus konnte bei Herrn Trost, der in der Nähe der Schießstätte wohnte, abgeholt werden. Herr Trost war als sogenannter „Zeiger" angestellt. Seine Aufgabe war, beim Scheibenschießen die Trefferquoten anzuzeigen. Als Preise gab es neben den Geldpreisen zur Abwechslung auch Naturalien, wie lebende Gänse oder auch Zucker und Kaffee.

Durch Unvorsichtigkeit kam es am 27. Oktober 1847 zu einem Unfall: „Der hiesige Regiments-Büchsenmacher Schöttle probierte im Schießhaus einige Büchsen aus und sein 18-jähriger Gehilfe machte den Zeiger, der sich aber ablenken ließ und zum Seitenfenster des Zeigerhäuschens herausschaute. In diesem Moment krachte der Schuss, traf zwar die Scheibe, aber die Kugel zerriss dem jungen Menschen den Backenknochen, indem sie unter dem linken Auge ein- und am linken Ohr wieder herausdrang. Die Verwundung soll nicht absolut tödlich sein, lässt aber für die Folge doch manche Befürchtung zu."

Sogenanntes „Sternschießen" auf abgeernteten Feldern wurde im Herbst abgehalten. Durch die beängstigenden Ereignisse der „Deutschen Revolution" im Jahr 1848 bildete sich in Ludwigsburg eine Bürgerwehr, zu der sich auch die Mitglieder der Schützengesellschaft bekannten. Nach diesen Unruhen änderte die Schützengesellschaft am 7. März 1849 ihre Statuten: Jedem unbescholtenen Bewohner der Stadt und des Oberamtsbezirks, der das 18. Lebensjahr zurückgelegt hat, wurde es möglich gemacht, als Mitglied beizutreten.

Die Schützengesellschaft trug ihren Verein mehr oder weniger erfolgreich über die Zeit und besteht noch im heutigen Verein „Schützengilde 1845" fort.

Dem Körper einen edlen Anstand geben

Tanzen war in der Barockstadt Ludwigsburg schon immer eine beliebte Bewegungsart. Erst als Vergnügen, später als Sportart. Nach dem Adel begann im 19. Jahrhundert auch das Bürgertum zu tanzen.

Der Tanz als spezifisch menschliche Ausdrucksform für Bewegung außerhalb der alltäglichen Verpflichtungen hat die Menschen in jeder Epoche und Entwicklungsstufe beschäftigt und angeregt. Die ältesten Beweise aus der Steinzeit dokumentieren die Höhlenmalereien in Frankreich und Spanien. In den drei Hochkulturen Ägypten, Griechenland und Rom hatte Tanz ebenfalls große Bedeutung. Die Urform des Tanzes war magisch, kultisch und geheimnisvoll.

Die Geschichte des Tanzes durchlebte im Mittelalter bis zum Beginn der Neuzeit verschiedene Entwicklungen, die bekannteste Form zeigte sich im Volkstanz. Auch in der Barockzeit wurde getanzt. Ludwigsburg erinnert sich an pompöse Feste und Maskenbälle in den Prunksälen des königlichen Schlosses, an Ballett- und Opernaufführungen im Schlosstheater und vieles mehr, was den herzoglichen Hof über Grenzen hinaus in ganz Europa zum Glänzen brachte.

Tanzlehrer bieten Unterricht in der Tanzkunst an

Nicht nur der Schlossadel, auch das Ludwigsburger Bürgertum begeisterte sich für den Gesellschaftstanz. Schon Anfang des 19. Jahrhunderts boten Tanzlehrer, die eine Ausbildung als Balletttänzer genossen hatten, in der Zeit von Herbst bis Frühjahr Unterricht in der Tanzkunst an.

Ab 1820 kam Herr Traub, früher Ballettmeister und Choreograph des königlich württembergischen Hoftheaters, nach Ludwigsburg. Ihm folgte 1829 Johann Fenzl, Großherzoglicher Ballettmeister zu Mannheim, und ab 1832 gab August Reinhardt, Zögling

145

der Königlichen Ballettschule zu Stuttgart, Tanzunterricht in Ludwigsburg. Alle garantierten „jeden Schüler in 2 bis 3 Monaten so weit zu bringen, sich in den Gesellschaftstänzen zeigen zu können".

Es gab eine große Anzahl von Tanzarten, die zu erlernen waren: Polonaise, Walzer, Galoppade, Retoir, Redgowack, Cotillon, Ecossaise, Kreuzquadrille, Königsquadrille, Polka, Calamaica und Contre.

Zwei Beispiele, die die Vorlieben der damaligen Zeit wiedergeben: der „Cotillon", ein witziges, erotisches und poetisches Tanzspiel, bei denen die Partnerwahl häufig in den Händen der Frauen lag, und die Galoppade, ein lebhafter, aufgeregter Tanz im 2/4-Takt, der zur Ausgelassenheit aufforderte.

So wie alles unterlag auch der Tanz den Moden und Vorstellungen der Zeit. Ab 1845 gab es Unterricht in neueren Tänzen wie Française, Mazurka und zehn Jahre später, 1854, lernten die Ludwigsburger, sich in den drei neuen Tänzen Varsoviana, L'imperial und Sicilienne zu bewegen.

Im Kreis der männlichen Tanzlehrer bewährte sich auch eine Dame, Frau Henriette Truchses, geb. Fossetta, aus Stuttgart. Aber nicht nur im Tanzunterricht: Sie eröffnete in Ludwigsburg im Oktober 1837 – wie in Stuttgart – eine „Körperbildungsschule für Kinder".

„Es werden darin Kinder vom 4. bis zum 12. Jahr angenommen. Der Zweck dieser Schule besteht namentlich darin, die Kinder mit Anmut und Leichtigkeit stehen und gehen zu lehren, sich auf eine schöne

und edle Weise zu verbeugen, jemandem etwas mit Anstand zu überreichen, kurz dahin zu wirken, dass die Kinder vor allem eine schöne und vorteilhafte Haltung des Körpers bekommen.

Dann erst werden die Grundzüge der höheren Tanzkunst gelehrt, wie zum Beispiel die Positionen, die Biegungen, das Tragen der Arme, was natürlich alles unumgänglich notwendig ist, dem Körper einen edlen Anstand zu geben.

Wie vorteilhaft solche körperlichen Übungen auf die Gesundheit einwirken, werde ich kaum zu erwähnen brauchen. Weiter bemerke ich, dass ich mich bemühen werde, den Kindern in den Pausen der körperlichen Übungen ein anständiges und sittliches, unserer gegenwärtigen Bildungsstufe angemessenes Benehmen einzuprägen."

Das Angebot ist den höheren Schichten vorbehalten

Dieses Tanzangebot war jedoch nur den höheren Gesellschaftsschichten vorbehalten, die die entsprechende Muße dafür hatten. Die Tanzlustigen der „unteren Schichten" hatten sich nach der behördlichen Tanzerlaubnis zu richten, die von der Ortsgemeinde und den Ortspfarrämtern genau festgelegt war.

Tanzvergnügen waren verboten: „An Sonn- und Festtagen, in der ‚geschlossenen Zeit' von Aschermittwoch bis zum ersten Sonntag nach Ostern. Ferner vom Sonntag nach Himmelfahrt bis zum ersten Sonntag nach Pfingsten, und vom ersten Adventssonntag bis zum ersten Sonntag nach dem Erscheinungsfest (6. Januar).

In dieser geschlossenen Zeit dürfen die Ortsvorsteher einzig am Ostermontag und am Pfingstmontag Tanzerlaubnis geben." Dazu gab es in den umliegenden Ortschaften und Dörfern jedes Jahr, meist im Herbst, ein Kirchweihfest, mit Tanzangeboten in sämtlichen Wirtschaften aber nur am Kirchweihmontag.

Tanzen blieb im 19. Jahrhundert ein Vergnügen, das Spaß macht und gute Laune bringt. Tanzen als Sportart oder gar Turniertanz war noch keine Option. Erst im Dezember 1912, in der Großstadt Berlin, fand das erste Tanzturnier statt und Ende der Zwanzigerjahre war ganz Europa vom Tanzfieber infiziert.

In Ludwigsburg wurde 1968 der 1. Tanzclub Ludwigsburg gegründet und wurde äußerst erfolgreich: „Der 1. Tanzclub Ludwigsburg gehört seit den 1980er-Jahren zu den größten und auch erfolgreichsten Tanzsportvereinen in Deutschland. 1968 gegründet, waren es vor allem die 1980er-Jahre, in denen der Verein entscheidend wuchs und sich auch große sportliche Erfolge einstellten.

1983 wurde die Standardformation gegründet, die als amtierender Weltmeister, Europameister und Deutscher Meister mit insgesamt zehn Weltmeistertiteln zu den besten Teams in Deutschland und der Welt gehört.

Auch die Lateinformation des Vereins sowie viele jugendliche Paare und die Paare der Hauptklasse konnten Erfolge verbuchen." Daneben gibt es eine erfolgreiche Lateinformation sowie ein talentiertes Jazz- und Modern-Dance-Team.

Vom Kegelschieben zum Bowling-Sport

Das Kegeln gehört zu den ältesten und beliebtesten Freizeitsportarten. Auch in Ludwigsburg wurde das „Kegelschieben" seit dem frühen 19. Jahrhundert ausgiebig betrieben. Jedes Gasthaus mit einem Garten hatte damals eine eigene Kegelbahn.

Das Kegeln als eine der ältesten und beliebtesten Freizeitsportarten war schon im Mittelalter als Glücks- oder Wettspiel beliebt. Es wurden oft hohe Beträge eingesetzt, was für manch einen Kegler den Ruin bedeutete. Verlorene Wetten sowie damit verbundene Alkoholexzesse arteten vielfach in gefährliche Schlägereien aus. Teilweise wurde das Kegelglücksspiel behördlich verboten.

Auch Goethe erwähnt im „Faust" das Kegelschieben als verderblich mit den Worten: „Das Fiedeln, Schreien, Kegelschieben ist mir ein gar verhasster Klang. Sie toben, wie vom Bösen Geist getrieben, und nennen's Freude, nennen's Gesang." Und trotz aller unangenehmen Auswüchse, das Kegeln entwickelte sich immer mehr zu einer beliebten Freizeitbeschäftigung.

Zurückblickend ins 19. Jahrhundert erfährt man aus

Ludwigsburg, dass hier das Kegeln, oder wie es damals genannt wurde, das Kegelschieben, ebenfalls ausgiebig betrieben wurde. Schon im März 1819 annoncierte ein Gastwirt in der Charlottenstraße 5 in der Zeitung und machte auf seine „ganz neu gebaute Kegelbahn" aufmerksam. Jedes Gasthaus, das einen Garten besaß – und davon gab es sehr viele –, war mindestens mit einer, die meisten jedoch mit zwei Kegelbahnen ausgestattet. Und nicht nur eine unbefestigte Sandbahn unter freiem Himmel erwartete die Kegler, schon 1822 waren die Gastwirte zu „bedeckten Kegelbahnen mit einer ca. 6 m langen hölzerner Kegelbahnrinne" übergegangen, um dem großen Zuspruch der Kegler auch an schlechteren Wettertagen entgegenzukommen.

Es gab auch Vereinigungen von kegelfreudigen Herren, die sich an festgelegten Tagen zum Spiel trafen. Der Einsatz betrug je nach Ausstattung der Kegelbahn für drei Kugeln zwischen 18 und 36 Kreuzer. Hierbei war weniger der Gewinn wichtig, sondern das sportliche Zusammensein. Anders sah es aus, wenn die Wirte, um die Attraktion ihrer Gartenwirtschaften anzukurbeln, an Wochenenden Preiskegel-Wettbewerbe anboten, da lockten nämlich erstaunlich hohe Gewinne.

Der Ludwigsburger Gastwirt Friedrich Belz veranstaltete am 9. August 1838 ein großes Preiskegelschieben, die Preise waren ausgeschrieben in Gold, Silber und Uhren im Betrag von 250 Gulden. Und ein paar Jahre später bestanden die Gewinne in jungen, fetten (lebenden!) Gänsen. Bierbrauer Müller lud am 24. August 1839 in seinen Garten vor dem Schorndorfer Tor zum Preiskegelschieben ein, auf seinen zwei bedeckten Bahnen konnte ebenfalls um 250 Gulden gespielt

werden. Im Wintermantel'schen Garten, später „Englischer Garten", Asperger Straße 49, veranstaltete der Gastgeber im August 1840 „mit obrigkeitlicher Erlaubnis ein gesellschaftliches Kegelschieben im Wert von 300 Gulden in Gold, Gold- und Silberwaren, wobei der 1. Preis in 22 Gulden barem Geld besteht." Es entsteht hier unwillkürlich der Eindruck, dass kein sportlicher Wettstreit stattfand, sondern ein mit amtlicher Genehmigung erlaubtes Glücksspiel. Doch von irgendwelchen Zwischenfällen wird in der damaligen Zeitung nichts berichtet.

Dank Heizung und Licht Kegeln auch im Winter möglich

In der Holländer'schen Brauerei, Bauhofstraße 13, warben im Oktober 1866 zwei Kegelbahnen im Haus mit Heizung und Beleuchtung von morgens 10 Uhr an bis in den späten Abend um Gäste, jetzt konnte auch in der kalten Jahreszeit der beliebten Tätigkeit nachgegangen werden. Anfang des 20. Jahrhunderts erregt eine Anzeige in der Zeitung Aufmerksamkeit. Im Februar 1906 veranstaltete der Gastwirt Enderle im Gasthaus zum Bären ein großes Preiskegelschieben, in dem 12 Preise im Wert von 500 Mark ausgelobt waren. Die Preise waren wie folgt:
1. Preis: ein fettes – erst nach Preisverleihung geschlachtetes – Schwein, ca. 120 Pfund Schlachtgewicht
2. Preis: eine Singer Nähmaschine;
3. Preis: ein Diwan;
4. Preis: ein Vertiko;
5. Preis: ein echt silbernes Besteck;
6. Preis: ein hochfeines Service;
7. Preis: eine goldene Herrenkette;
8. Preis: eine goldene Herren-Remontoir-Uhr;
9. Preis: ein Amerikanerstuhl;
10. Preis: ein Tisch;
11. Preis: 4 Sessel;
12. Preis: eine Herrenkette.

Der Einsatz beträgt für drei Kugeln 25 Pfennig. Preisverteilung erfolgt, wenn 3950 Serien geworfen sind. In Ludwigsburg formierten sich Anfang des 20. Jahrhunderts verschiedene Kegelclubs, etwa im Gasthaus zum Schwanen, Heilbronner Straße 38, die „Kegelgesellschaft zum Schwanen". Mittlerweile gibt es in Ludwigsburg sehr viele Hobby-Kegler in Kegelclubs sowie Sportkegler in Vereinen.

Aus dem Kegelsport entwickelte sich Ende des 19. Jahrhunderts in den USA eine neue Variante mit dem Namen „Bowling". Auch in Ludwigsburg fand dieser Sport viele Anhänger. Die Gründung des 1. Bowlingsportvereins Ludwigsburg datiert zurück bis in das Jahr 1922. Zunächst waren vier Clubs auf verschiedenen Bahnen verteilt. Ab 1926 konnte in der Gaststätte „Römerhügel" eine gemeinsame Asphaltbahn benutzt werden. Heute sind die Bowlingfreunde im Bowlingsportverein Ludwigsburg im Stadionbad am Berliner Platz organisiert.

Männer turnen für das Vaterland

Für die Gesundheit, für die Kriegstauglichkeit, für die gesellschaftliche Stellung: Das Turnen war anfangs umstritten, wurde zeitweise zweckentfremdet und nahm Anfang des 20. Jahrhunderts so richtig Fahrt auf. Ein Rückblick auf den Beginn der lokalen Akrobatik.

Der Wahlspruch „Frisch, fromm, fröhlich, frei" ist von Turnvater Friedrich Ludwig Jahn überliefert, der Anfang des 19. Jahrhunderts die gesellschaftliche Bedeutung von Leibesübungen für körperliche und seelische Gesundheit erkannte. Vater Jahn hatte dabei allerdings nur die männliche Bevölkerung im Blick.

Anfang Mai 1846 wurde in Ludwigsburg der Männerturnverein gegründet. Webermeister Christian Rees war einer der Gründungsmitglieder und lange Zeit im Vorstand tätig. Weil es keinen eigenen Übungsraum gab, fanden in den ersten Jahren die Unterrichtsstunden samstags um 20 Uhr im neuen städtischen Schießhaus statt.

„Aller Anfang ist schwer", heißt eine Bilanz im Januar 1847, und bezieht sich auf die Feststellung, dass dem Verein „noch viel Ablehnung entgegengebracht wird". Trotz aller Schwierigkeiten, dem neuen Verein traten immer mehr „bewegungsfreudige" Männer bei, und selbst die jungen Frauen Ludwigsburgs fühlten sich dem Männerturnverein auf ihre Art verbunden, sie stellten in Handarbeit eine Vereinsfahne her und übergaben diese am 3. Mai 1847 zum ersten Jahrestag der Vereinsgründung.

Beim Gauturnfest im Juli 1879 wurde eine neue Fahne gestiftet, ebenfalls gestickt von jungen Frauen, deren „Enthüllung und Weihe in einem feierlichen Akt stattfand". Ein besonderes Anliegen des neuen Vereins war die Heranziehung von Heranwachsenden im Alter von 14 bis 18 Jahren. Im Mai 1847 wurde für diese Altersgruppe eine Turnschule eingerichtet, von der Erkenntnis geleitet, dass in diesem Alter das Turnen am notwendigsten ist, „um den Körper zu kräftigen und vor Verkrüppelung, die durch einförmige Beschäftigung so häufig entsteht, zu sichern". Das Training war mittwochs und samstags von 20 bis 21.15 Uhr.

Im Frühjahr 1851 erweiterte der Verein den Turnunterricht für Kinder von sechs bis 14 Jahren, der sehr großen Anklang fand. Ein Jahr später turnten schon 35 Knaben und 36 Mädchen erfolgreich unter sorgfältiger Leitung und Überwachung am Montagnachmit-

tag um 17 Uhr. Zur Beschaffung der nötigen Geräte zahlten die Kinder monatlich 6 Kreuzer. In den Vereinen selbst wurden aber noch keine Frauen aufgenommen.

Waren es zu Anfang meist gymnastikähnliche Turnübungen in Gruppen, Riegen, Schauturnen usw., ging der Verein 1861 zusätzlich zu Schießübungen über, die im städtischen Schießhaus stattfanden und auch, was sehr begrüßt wurde, im Winter ausgeführt werden konnten. Diese Übungen hatten den tieferen Sinn, eine männliche Jugend aufzubauen, die sich durch Kampfgeist, Härte und Durchsetzungsvermögen auszeichnet, was auch der Verteidigung des Vaterlandes dienen sollte.

Von Jahr zu Jahr kamen neue Sportarten, Geräteturnen und Leichtathletik hinzu, mit der Folge: immer mehr Städte veranstalteten Wettkämpfe. Im August 1867 begab sich der Männerturnverein nach Aalen.

Der Ludwigsburger Turner Herr Schenk erkämpfte sich den dritten Preis, und in der Zeitung stand: „Ein Beweis, dass die Turnersleute hier fleißig üben, wenn man bedenkt, welch ansehnliche Zahl von Turnern aus ganz Schwaben nach einem Preis trachteten. Möge diese Auszeichnung den Turnvereinsmitgliedern ein neuer Ansporn sein, die für die Gesundheit so überaus nützlichen turnerischen Übungen auch fortan mit gleichem Fleiß und Eifer wie bisher zu betreiben."

40 Jahre später, beim Turnfest in Kornwestheim im Juli 1907, an dem sich 70 Turner beteiligten, hießen die Disziplinen des Sechskampfes:

1. und 2. Geräteturnen (je 2 Pflicht- und 1 Kürübung am Reck, Barren und Pferd), 3. Hochsprung (oberste Grenze 1,80 m), 4. Schnellhangeln (am 9 m langen Tau, vorgeschriebene Höchstleistung 10 Sekunden, 5. Hindernislaufen (Bahn 100 m mit 4 Hindernissen, vorgeschriebene Höchstleistung 13 Sekunden), 6. eine Freiübung. Den ersten Preis im Sechskampf erkämpfte sich Eugen Oßwald von Oßweil.

Beim Deutschen Turnfest in Frankfurt am Main im Juli 1908 war unter den Preisträgern auch das Mitglied des Ludwigsburger Männerturnvereins, Walter Jäschan, der mit 103,5 Punkten im Sechskampf und mit 75,5 Punkten im Fünfkampf je einen Preis errang.

Weitsprung, Stabhochsprung, Kugelstoßen (10 kg), 150-m-Lauf waren weitere Disziplinen in der Leichtathletik. Zu Mitgliederversammlungen traf man sich im Vereinslokal „Brauerei Adolf Fischer" in der Körnerstraße 14.

Seit 1872 gab es eine „Turnerkneipe", eine „Pflegestätte der Geselligkeit und eine feste Stütze des Männer-Turnvereins", und anlässlich des 30-jährigen Bestehens im Juni 1902 wurde ausgiebig gefeiert. Ein in Form einer Kneip-Zeitung erschienenes Sündenregister förderte unter großer Heiterkeit die Heldentaten der einzelnen Kneiper zutage.

Ein jährlicher Höhepunkt im Vereinsleben war das Krüglesfest, das 1854 erstmals gefeiert wurde. Jedes aktive Mitglied, das mindestens drei Jahre die Turnstunden besucht hatte, erhielt bei seiner Verheiratung vom Verein ein hübsches Krügchen oder Deckelglas als Hochzeitsgabe. Dieser Brauch hat sich bis heute gehalten.

Zum Ende der Saison im Herbst veranstaltete der Verein das sogenannte öffentliche „Abturnen", das mit einem Schauturnen verbunden viele sportbegeisterte Ludwigsburger anlockte.

Auch in gesellschaftlicher Hinsicht zeigte sich der Verein in vielfacher Weise. Weihnachtsfeiern, Fastnachtskränzchen, Wanderungen, Familienausflüge, zweitägige Turnfahrten über Ostern und Pfingsten in den Schwarzwald, auf die Alb oder an den Bodensee. Ein besonderer Höhepunkt im Vereinsleben war die Herbstfeier, die sehr aufwendig mit Feuerwerk und bengalischer Beleuchtung am Brückenhaus in Neckarweihingen stattfand.

Im Januar 1864 zählte der Verein 183 Mitglieder, 40 Jahre später – im Frühjahr 1904 – konnte Vorstand L. Hoffmeister 312 Mitglieder bei der Generalversammlung begrüßen. Mit Beginn des Ersten Weltkrieges am 1. August 1914 wurden die meisten Aktiven eingezogen, viele sind gefallen. Das Vereinsleben ruhte bis 1919.

Langes Schattendasein der Turnerinnen

Wie der Name Männerturnverein (MTV) schon sagt, waren Übungsstunden für Frauen zu Beginn der Sportbewegung nicht vorgesehen. Es dauerte einige Jahre, bis sich dies änderte - zur Freude der weiblichen Bevölkerung. Über die Anfänge des Frauenturnens in Ludwigsburg.

Noch bevor sich der Männerturnverein gründete, ließ ein Angebot in der Zeitung im April 1841 aufhorchen: „Zu einer Unterrichtsstunde für körperliche Übungen unter geeigneter Aufsicht für Mädchen von acht bis zwölf Jahren werden noch Teilnehmerinnen gesucht."

Doch dauerte es noch drei Jahrzehnte, bis die Erkenntnis reifte, dass Turnen nicht nur beim männlichen, sondern auch beim weiblichen Geschlecht einen heilsamen Einfluss auf die Gesundheit ausüben kann. Nicht nur die männliche Gesellschaft betrachtete das Mädchen- und Frauenturnen kritisch, es waren auch die besorgten und ängstlichen Mütter, die der Meinung waren, die „schwächeren Glieder würden unschön und naturwidrig ausgerenkt".

Vorreiter der neuen Bewegung war Turnlehrer Lö-

bich von der Föhr'schen Töchterbildungsanstalt, der sich intensiv um das Mädchenturnen kümmerte. Bei einer Prüfung im April 1876 konnten die bisher besorgten Mütter ihre Ansichten revidieren.

Die Mädchen zeigten begeistert ihr Erlerntes und die Zeitung berichtete: „Die gestrige Vorführung zeugte sowohl vom Fleiß des Lehrers als auch von der Lust und Liebe der Mädchen. Die Freiübungen, unterstützt mit den Handgeräten hölzerner Stab und leichte Hanteln, überzeugten ebenso wie die Übungen an Geräten, wie Reck oder Barren. Aber auch die Ordnungsübungen, Schritte, Tritte, Gänge der verschiedensten Art und besonders die unter dem Klang fröhlicher Weisen, wie ‚das Wandern ist des Müllers Lust' usw., ausgeführten Turnreigen sind Bewegungen, die nur vorteilhaft für die naturgemäße Entwicklung und Ausbildung der weiblichen Kräfte sein dürften. Wir schließen unseren Bericht mit der begründeten Hoffnung, dass sämtliche bei der gestrigen Turnprüfung anwesenden Mütter zu eifrigen Fürsprecherinnen des modernen Mädchenturnens geworden sind."

Trotz aller Bemühungen, das Frauenturnen führte weiterhin ein Schattendasein. Erst im April 1905 wurde im Männerturnverein unter der Leitung des Oberlehrers Hohenstadt eine Frauenabteilung aufgestellt.

Eine Ludwigsburger Dame richtete daraufhin einen Leserbrief an die Zeitung: „Die Bereitwilligkeit des hiesigen Männerturnvereins, unter der fachmännischen Leitung eines tüchtigen Turnlehrers eine Frauenabteilung zu errichten, ist mit Freuden zu begrüßen. Ich bin überzeugt, dass manche Frau, manches Mädchen gerne die Gelegenheit benutzt, ihren Körper durch systematische Übungen zu kräftigen und zu stählen. Das Unternehmen des Männerturnvereins verdient dankbare Anerkennung; wie viel Gutes für Gegenwart und Zukunft daraus entspringen wird, dürfte sich bald zeigen. Auch die Männerwelt hat allen Anlass, dem Unternehmen sympathisch gegenüberzustehen, denn nur ein kräftiges, gesundes Weib kann wirkliches Glück schaffen und ein tüchtiges Geschlecht erziehen, und welcher Mann wünscht das nicht? Auch ist zu beachten, dass manches Mädchen, wenn erst der Körper unter dem Einfluss der Turnerei sich kräftiger entwickelt hat, der ungesunden, festen Kleidung den Krieg erklären wird. Das Turnen wird der Überzeugung Bahn brechen, dass nur die Freiheit der Bewegung eine gesunde körperliche Entwicklung ermöglicht."

Segen des Gemeinderats

Auch der Gemeinderat erteilte seinen Segen: „Auf Ansuchen des Vorstandes des Männerturnvereins wird ab 1. Mai 1905, Montag abends von 19:30 Uhr bis 21:00 Uhr, die Turnhalle der Frauenabteilung überlassen. Doch wird daran die Bedingung geknüpft, dass mehr als seither für Ordnung und Schonung des Stadteigentums seitens des Vereins Sorge getragen werde. Die Belohnung des Turnhallendieners wird auf 100 Mark jährlich erhöht."

Die Damenriege des Ludwigsburger Männerturnvereins erlebte einen großen Zuspruch, besonders von der erwachsenen weiblichen Jugend, die über die Schulzeit hinaus an einem geordneten Turnbetrieb teilnehmen wollte. Sie ließ sich den heilsamen Einfluss nicht entgehen, den ernsthaft betriebene, bewährte gymnastische Übungen auf Körper, Geist und Gemüt auszuüben imstande sind. Auch eroberte sie sich weitere Disziplinen des Turnens.

Bei einer Veranstaltung der „Damenriegen-Vereinigung des Unterlandes" in Marbach im August 1907 stellten die Damen ihr Können vor: „In reichem Wechsel kamen zur Ausführung: Freiübungen ohne Geräte und solche in Verbindung mit Stab-, Hantel- und Keulenübungen; Übungen an Barren und Pferd; Fahnen- und Blumenreigen und Turnspiele."

Auch die Geselligkeit kam nicht zu kurz, und besonders beliebt waren die jährlichen Ausflüge mit der Einladung: „Wohlauf, die Luft geht frisch und rein, wer lange sitzt, muss rosten!" So traf sich die muntere Schar am Sonntagmorgen, 12. Juni 1912 um 5:15 Uhr, „um mit ihrem Turnwart einen Spaziergang in die Felsengärten bei Hessigheim zu machen. Der Weg führte zuerst Monrepos zu. Hier wurde rechts abgezweigt; an Beihingen, Geisingen, Klein- und Großingersheim vorüber erreichten die Damen den Husarenhof. Dort wurde eine kleine Rast gemacht und gevespert, denn der Weg hatte doch ermüdet. Bald ging es weiter nach Hessigheim und von da in die Felsengärten. Wie wunderschön war es hier! Laubwald und Berge, eine Gebirgswelt im Kleinen.

Ein lohnenderes Endziel hätte man sich nicht denken können. Trotz der Müdigkeit erscholl auf diesem schönen Fleckchen Erde der Gesang der Turnerinnen, und vielen schien es gar zu bald, als es hieß, wieder zu scheiden. Hinunter nach Besigheim ging nun der Weg und nach kurzer Zeit führte die Eisenbahn die fröhliche Schar wieder ihrer Heimatstadt zu. Möge diese frühe Wanderung dazu gedient haben, in den Damen die Wanderlust zu erwecken und mögen noch viele Ausflüge dem einen folgen."

Großes Hurra beim Reitrennen

Der Reitsport in Ludwigsburg hat seinen Ursprung im Militär. Doch auch die Bevölkerung hat sich die Rennen von Anfang an gerne angeschaut. Vor allem die Großveranstaltungen sorgten bei den Ludwigsburgern für Begeisterung.

Der Pferdesport in Ludwigsburg hängt eng mit der Geschichte als Militärstandort zusammen. Die Kavallerieregimenter Ulanen und Dragoner hielten in ihren Ställen Tausende von Pferden. Die Offiziere besaßen außerdem edle Rösser, die nicht nur im Dienst, sondern auch in der Freizeit bewegt wurden.

Letztlich waren es auch die Offiziere, organisiert im württembergischen Rennverein, die in Ludwigsburg jährlich Pferderennen auf der Rennbahn südlich des Salonwaldes veranstalteten, der damaligen Vornehmheit entsprechend „Steeple Chase" genannt. Ein Bericht in der Zeitung gibt einen Einblick, wie so ein Rennen ablief.

1. Oktober 1872: „Am letzten Dienstag fand in Ludwigsburg ein Hindernisrennen statt. Zum Genuss dieses Schauspiels versammelte sich eine gewaltige Menschenmasse. Ein aus Stuttgart kommender Extrazug mit 13 Wagen setzte seine Passagiere zwischen Kornwestheim und dem Salonwald ab. In einer mit Tannenreis verzierten Hütte hatten die eingeladenen Herrschaften, Ihre königliche Hoheit Prinzessin Auguste von Sachsen Weimar mit Tochter Prinzessin Pauline und eine größere Anzahl Damen und Herren einen Ort gefunden, der eine bequeme Übersicht über die Rennbahn gewährte."

Die 3200 Meter lange Bahn führte über 12 Hindernisse, Kugelfang, Steinmauer, Gräben, Doppelhürden, Bretterzäune, die nicht über einen Meter hoch und 3,5 Meter breit angelegt waren. „Der Sieger,

Premierleutnant Kurr, legte die Distanz mit seiner Stute ‚Lady Louise' in drei Minuten 56 Sekunden zurück und erhielt 200 Gulden Preisgeld. Für Spaß sorgte die anschließende Jagdjägerei. Da sah man einen Reiter sich abmühen, um einen Feldhasen zu fangen, ein anderer erwischte ein Feldhuhn, welches sich unter den Rock einer Dame geflüchtet hatte."

Das Rennen des württembergischen Rennvereins am 1. Oktober 1876 stand unter keinem guten Stern. Die Organisatoren hatten nichts versäumt, was zum Gelingen beitragen sollte. Die Rennbahn war nach dem Urteil Sachverständiger wirklich trefflich hergestellt, für die beste Aufstellung der Hindernisse Sorge getragen. Doch ein Sturm und Platzregen verwandelte den Platz in kürzester Zeit in ein Schlammfeld.

Die Reiter zogen ihre Pferde ab, andere erschienen erst gar nicht, so dass das Rennen aus Mangel von Pferden nicht zustande kam. Zudem wurde das „unwürdige" Verhalten des auf der weiten Fläche zerstreuten Ludwigsburger Publikums heftig kritisiert. Der Ärger der Herren des Rennvereins war so groß, dass sie Ludwigsburg vorerst als Rennplatz fallen ließen und sämtliche Rennen des Vereins in Cannstatt abhielten. Als fadenscheiniges Motiv dieser Maßnahme soll das wenig entgegenkommende Verhalten des hiesigen Publikums am 1. Oktober 1876 gewesen sein, wo besonders durch Mangel an

Ordnung der Rennbetrieb auf das Empfindlichste gestört wurde, kein Wort zu den damaligen schlechten Bodenverhältnissen.

In Ludwigsburg wurde diese Entscheidung mit großem Bedauern zur Kenntnis genommen, nicht nur bei den Gastwirten und Kutschern, die sich um eine Einnahmequelle betrogen fühlten, sondern auch beim Publikum, welches das Spektakel immer mit großem Hurra verfolgt hatte.

Es vergingen ein paar Jahre, und schon erinnerte sich der Stuttgarter Pferdesportclub wieder an die für Pferdesport doch so sehr geeignete Ludwigsburger Markung und veranstaltete am 5. November 1880 eine Schnitzeljagd. „Vom Heilbronner Tor aus ritt die Gesellschaft zuerst im Schritt auf der Straße nach Beihingen, um sich dann bald darauf querfeldein in Galopp zu setzen. Es gewährte einen sehr hübschen Anblick das Gemisch von Rotröcken und Uniformen über unser an Hindernissen aller Art so reiches Terrain dahinreiten zu sehen. Das Halali fand in unmittelbarer Nähe von Heutingsheim statt, dessen gastliches Schloss des Baron von Brüssele die Jagdgesellschaft in rotem Frack zu einem Diner aufnahm."

Ein Hubertusrennen, ausgetragen am 5. November 1905 auf dem großen Exerzierplatz an der Aldinger Straße, zog viele Schaulustige an und die Ludwigsburger Zeitung berichtete: „Das Wetter war der Veranstaltung günstig: trocken von oben, anfänglich freundlicher Sonnenschein, mäßige Wärme. Von der Rennleitung war für Erfrischungen Sorge getragen; in einem Segeltuchzelt waren die schönen Ehrenpreise ausgestellt. Vor Beginn des Rennens und während der Pausen spielte die Ulanen-Kapelle. Die Offiziere der hiesigen Garnison mit ihren Damen dürften fast vollständig vertreten gewesen sein; sie bestritten auch den Löwenanteil der sehr zahlreich erfolgten Nennungen und demgemäß fiel ihnen der weitaus größte Teil der Preise zu. Unter den Anwesenden bemerkten wir Herzog Ulrich von Württemberg, Generalmajor von Schmitt. Besondere Freude erregte das Erscheinen Ihrer Majestät des Königs und der Königin, die in einem eleganten Automobil von Stuttgart herüberkamen. Nach der Begrüßung durch die Rennleitung verfolgte das Königspaar noch den Verlauf des Hubertusjagdrennens und der Hubertusjagd. Namentlich Letztere bot bei sehr stark besetztem Feld interessante, bewegte Bilder, wenn sie auch wegen des welligen Geländes nicht in allen Teilen zu übersehen war. Die Rennen fanden in folgenden Disziplinen statt:

- Jagdrennen für Chargenpferde der Kavallerie, Entfernung etwa 2200 Meter.
- Jagdrennen für Dienstpferde der Artillerie und des Trains, Entfernung etwa 2200 Meter.
- Reiterpferde-Jagdrennen, Entfernung etwa 2500 Meter.
- Herzog-Ulrich-Jagdrennen, Entfernung etwa 3000 Meter.
- Hubertusjagdrennen, Entfernung etwa 3500 Meter.
- Hubertusjagd für Pferde aller Länder, Entfernung etwa 5000 Meter.

Den Siegern der letzten beiden Rennen überreichten der König und die Königin die Ehrenpreise persönlich.

„Gewiss gibt es kein edleres Spiel"

In den Anfangsjahren des Fußballs polarisierte die neu aufkommende Sportart. Die Ludwigsburger Kickers feiern Ende des 19. Jahrhunderts einen Sieg über den Vorgängerverein des VfB Stuttgart. Später veranstaltet der Fußballclub Württemberg einige Laufwettbewerbe.

Der neu aufkommende Fußballsport Ende des 19. Jahrhunderts stieß in Ludwigsburg auf unterschiedliches Echo. Die etablierten Bürger sahen darin eine Verrohung der Sitten, einen unästhetischen Anblick und die damit verbundene Nachäffung englischer Ausdrucksweisen und forderten sogar, diesen Sport an den Schulen zu verbieten.

Dagegen hatte das Rektorat der Realschule schon 1894 an die Schüler appelliert, in den hiesigen, 1893 gegründeten Fußballclub einzutreten und „dem gesunden Sport des Fußballspiels zu huldigen. Gewiss gibt es kein edleres Spiel, nichts verleiht eine solche Kraft, nichts spornt den Ehrgeiz, die Willenskraft mehr an, nichts ist so fesselnd, so abwechselnd und doch so wenig ermüdend, nichts ist so geeignet, den Geist des Spielers an strenge Disziplin zu gewöhnen, wie eben das Fußballspiel".

Ob nun die Realschüler dazu beitrugen, dass der hiesige Fußballclub am 11. März 1894 einen Erfolg über den Cannstatter Club, den heutigen VfB, verbuchte, sei dahingestellt. Auf jeden Fall hatte sich ein zahlreiches Publikum auf dem „kleinen Exerzierplatz" (an der Stuttgarter Straße, gegenüber dem Karlsplatz) eingefunden, „welches großes Interesse an dem schönen, gesunden und kräftigenden Sport, welcher nun auch hier eine Heimstätte gefunden hat, zeigte". Und weiter war in der Zeitung zu lesen: „Bei diesem Fußballspiel konnte man erkennen, wie sehr es

den Ludwigsburgern angelegen ist, sich immer mehr empor zu schwingen, denn trotzdem die Cannstatter bedeutendere Kräfte haben, konnten die Ludwigsburger zu ihrer großen Freude als Sieger bezeichnet werden."

Alsbald nannte sich der Club „Ludwigsburger Kickers". Als Übungs- und Spielgelände stand der Eglosheimer Exerzierplatz zur Verfügung, zeigte sich aber wegen seiner auswärtigen Lage immer mehr als ungeeignet. 1908 bezogen sie einen eigenen Platz „beim Fuchshof". Erfolgreich gegen Pforzheim, Heilbronn, Stuttgart spielte sich der Club 1911 in eine höhere Klasse.

Am 13. Juli 1913 stand Ludwigsburg im Zeichen des Sports. Der 1. Fußballclub Ludwigsburger Kickers veranstaltete sogenannte „Elferpokal-Wettkämpfe" auf sämtlichen Spielplätzen der Stadt. „Die Veranstaltung bedeutet in fußballsportlicher Hinsicht einen Rekord, es beteiligten sich an den Spielen neben 20 Vereinsmannschaften noch vier Militärmannschaften, zusammen 264 Fußballer. Schon gegen 7.30 Uhr morgens sah man zahlreiche im Fußballdress und äußerst

frisch, gesund und kräftig aussehende Gestalten den Spielplätzen zueilen…" war danach in der Ludwigsburger Zeitung zu erfahren.

In den Jahren 1907 und 1908 bildeten sich weitere drei Fußballvereine in Ludwigsburg, der Fußballclub „Schwaben" und „Spartania", jedoch beide mit kurzer Lebensdauer.

Kickers belagern Württemberg von Beginn bis zum Schluss

Der Fußballclub „Württemberg", auf dem „Eglosheimer Spielfeld" zu Hause, führte Wettspiele mit dem Sportverein Fellbach und dem Fußballclub Stuttgarter Kickers aus.

Der großen Überlegenheit der „Stuttgarter Kickers" konnten sie beim Spiel am 12. Dezember 1909 nichts entgegensetzen und verloren mit 4:1, und eine Woche später unterlagen sie ebenso deutlich mit 4:0 beim Spiel gegen die „Ludwigsburger Kickers", „das Spiel zeigte eine große Überlegenheit der ‚Kickers', denn von Beginn bis zum Schluss konnten sie ‚Württemberg' belagern…"

Doch auch Erfolge waren zu verzeichnen, immerhin hatten sie am 19. September 1909 gegen Heilbronn mit 6:1 gewonnen. Nicht nur das Fußballspiel wurde gepflegt, auch in Laufdisziplinen versuchte sich der Verein. Ein „Marathonlauf" über 15 Kilometer von Eglosheim nach Bietigheim und zurück, geplant für Sonntag, 25. Oktober 1908, musste zwar wegen Regenwetters ausfallen, doch ein am Sonntag, 13. Dezember 1908, vorgesehener „Patrouillenlauf" mit militärischem Gepäck (45 Pfund) über 39 Kilometer von Eglosheim über Ludwigsburg, Kornwestheim, Zuffenhausen, Feuerbach, Stuttgart, Berg, Cannstatt, Münster, Mühlhausen, Aldingen, Ludwigsburg zurück zum Endziel Eglosheim, konnte erfolgreich ausgeführt werden.

Anschließend gingen dem Fußballclub „Württemberg" vonseiten höherer militärischer Stellen zahlreiche Anerkennungsschreiben zu: „Möge dies dem Fußballclub ‚Württemberg' ein neuer Ansporn sein, emsig weiter zu arbeiten auf dem Gebiet der Leichtathletik", hieß es in einer Laudatio.

Auch das geplante Retourspiel ist nur ein Aprilscherz

Dass dieser Fußballclub auch eine humorvolle Seite besaß, zeigt folgender Aprilscherz am 1. April 1910. Verdutzte Ludwigsburger lasen an diesem Tag, sich fragend, etwas verpasst zu haben, in der Zeitung: „Fußballclub Württemberg schlägt Red-Star Paris mit 3:1: Bei herrlichem Wetter und in Anwesenheit von etwa 1500 Zuschauern lieferten sich am Ostermontag, 28. März 1910, oben genannte Mannschaften ein Treffen, wie es in Ludwigsburg noch nie zu sehen war. Zuerst betraten die Franzosen unter lautem Beifall das Spielfeld.

Kurz darauf die Württemberger, die Anstoß hatten und rasch dem Pariser Tor zustrebten, wo sie bereits nach drei Minuten unter tosendem Beifall den ersten Erfolg erzielten. Danach wurde das Spiel ausgeglichener, denn die Franzosen, durch diesen Erfolg verblüfft, deckten nun hervorragend, doch war es den Württemberger kurz vor der Pause zum zweiten Mal vergönnt, erfolgreich mit einem Tor abzuschließen.

Nachher änderte sich das Bild zusehends; es hatte den Anschein, als ob die Franzosen aufholen wollten, doch die gutspielende Hintermannschaft der Württemberger vereitelte jeden Erfolg der Pariser, die dann aber einen nicht ganz einwandfreien Elfmeterball bekamen und auch verwandelten. Die Württemberger gingen nun wieder energisch zum Angriff vor, zum dritten Mal passierte der Ball das Tor von Paris und die Württemberger hatten über die bekannte französische Mannschaft einen glänzenden Sieg errungen.

Der Vorstand der Württemberger überreichte auf dem Spielfeld dem Spielführer der Pariser Mannschaft als Zeichen der Freundschaft einen Lorbeerkranz mit Schleife in den württembergischen Landesfarben, und nach einigen fröhlichen Stunden des Beisammenseins schieden die Pariser von den Württembergern mit dem Wunsch fröhlichen Wiedersehens an Pfingsten beim Retourspiel in Paris." (Das fand natürlich nie statt)

Kißling stemmt den Weltrekord

Schwerathletik und Ringen - das sind die beiden Disziplinen, die Ende des 19. Jahrhunderts großes Interesse in Ludwigsburg hervorrufen. Erfolge lassen nicht lange auf sich warten - darunter sogar ein Ludwigsburger Weltrekord.

Vom 6. bis 15. April 1896 wurden die ersten Olympischen Spiele der Neuzeit in Athen ausgetragen und Gewichtheben und auch Ringen gehörten zum Programm. Nicht ausgeschlossen ist, dass dieses Sportereignis auch in Ludwigsburg die Begeisterung für den Athletik-Sport förderte. Mit dem Leitspruch „mens sana in corpore sano", ein gesunder Geist in einem gesunden Körper, fanden sich im Juli 1896 junge Männer zusammen und gründeten den „Athletenclub Germania".

Der Verein verzeichnete in kürzester Zeit großen Zulauf und bald konnten bei der Eisengießerei Hayden & Co. in Köln Stemmgewichte erworben werden, die ein Gesamtgewicht von 800 Pfund aufwiesen, das kleinste mit 50 Pfund und das größte wog 200 Pfund. Die Räume der „Brauerei Fischer" in der Körnerstraße 14 dienten als Vereins- und Übungslokal. Die ausge-

führten Disziplinen waren Stemmen (Gewichtheben) und Ringen im griechisch-römischen Stil, in den Gewichtsklassen Leicht-, Mittel- und Schwergewicht. Im Januar 1910 beschloss der Verein, die Wettkämpfe im Ringen in vier statt in drei Gewichtsklassen auszuführen, und wurde um das Federgewicht ergänzt. Es kam auch zu ersten Erfolgen.

Bei dem am Sonntag, 23. Juli 1911, in Stuttgart ausgetragenen Wettstreit beteiligte sich auch der 1. Athletenverein Germania Ludwigsburg, wobei im Schwergewicht-Ringen der Ludwigsburger Friedrich Oesterle den 1. Ehrenpreis errang (bestehend aus einem silbernen Teeservice und Diplom). Dazu gewann im Leichtgewicht-Ringen Emil Wallmersperger den 1. Ehrenpreis (bestehend aus einer silbernen Fruchtschale und Diplom), und Josef Ammersinn den 4. Ehrenpreis (Tafelaufsatz und Diplom). Dieser Erfolg wurde als ein neuer Beweis der Leistungsfähigkeit angesehen.

Der Athletiksport wurde immer attraktiver und schon im August 1898 wurde – ebenfalls in der Fischer-Brauerei – ein zweiter Verein gebildet, der „Männer Athletenclub". „Die Mitglieder sind meist ältere Herren", hieß es bei der Vereinsgründung,

vermutlich setzte sich der neue Verein mit diesem Hinweis bewusst von den „jungen Männern" im Athletenclub Germania ab. Wie auch immer, die Mitglieder bei den „älteren Herren" standen den „jüngeren" Konkurrenten in keiner Weise nach. „Bei der Feier des 11. Stiftungsfestes, Ende September 1909, zeigten die Mitglieder Vorführungen mit Rundgewichten, im Jonglieren und Schwergewichtsstemmen, wobei das Ehrenmitglied W. Knöpfle einarmig bis 170 Pfund, zweiarmig 240 Pfund zur Hochstrecke brachte."

Entwicklung zu angesehenen Vereinen

Beide Athletenclubs entwickelten sich in den kommenden Jahren zu angesehenen Vereinen, bis sie sich am 2. Februar 1913 zum „Vereinigten Athletenverein" zusammenschlossen und dem schwäbischen Athletenverband beitraten. Bei der 1. Generalversammlung ein Jahr später, am 22. Februar 1914, bestätigte der Vorsitzende, Herr Plocher, dass der Verein durch seine Verschmelzung bedeutende Fortschritte auf allen Gebieten gemacht hat. Der Krieg beendete auch hier alle Bemühungen. 92 Mitglieder zogen gleich im August 1914 ins Feld.

Zwei Freunde waren in den ersten Kriegsmonaten 1914 als Gefallene zu beklagen, Adolf Jutzeler (19. Oktober 1914) und Wilhelm Mauz (6. November 1914). Der Vorstand legte den 68 daheimgebliebenen Mitgliedern ans Herz, „sich der Aufgabe bewusst zu sein, die Arbeit mit den jüngeren Mitgliedern fortzusetzen, denn gerade in der jetzigen Kriegszeit sei es sehr angebracht, sich an Gesundheit und Ausdauer zu stärken sowie nach besten Kräften die Mitgliederbeiträge zu entrichten, damit den im Feld stehenden Freunden etwas zugedacht werden könne".

Die Tendenz zum „Zusammenschmelzen" verschiedener Sportvereine, um größere, lebensfähigere Gesellschaften zu bilden, zeigte sich in Ludwigsburg bereits Anfang des 20. Jahrhunderts.

Eugen Kißling, Vorstand des Sportsklubs „Achilles", regte im Oktober 1902 an, die hier bestehenden zahlreichen kleinen Vereine zusammenzuschließen. Der Radfahr-Club und der Sportsklub „Achilles" fusionierten daraufhin und nannten sich „Sportsverein Ludwigsburg", die sich in ihrem Sportangebot breit gefächert aufstellten, Turnen, Leicht- und Schwergewichtsathletik, Fußballspiel, Radfahren, Wasser- und Eissport gehörten zum Repertoire. Ein am Sonntag, 2. Juli 1905, ausgetragener Wettstreit umfasste ein Radrennen auf der Straße Ludwigsburg–Asperg, einen Vierkampf in der Turnhalle: Steinstoßen, Hochsprung, Stemmen ein- und beidarmig, 100-m-Lauf. Zur Attraktion des Radsports gehörte der „fahrende Barren", wobei 4 durch einen Holzrahmen miteinander verbundene Radfahrer den Barren bildeten, an dem ein Turner seine Künste zeigte.

Den größten Erfolg errang der Sportsverein Ludwigsburg durch seinen Vorstand und Meisterstemmer Eugen Kißling, der bei einer Veranstaltung 1909 in Stuttgart einen Weltrekord aufstellte. Stolz berichtete die Zeitung: „Der ,Deutschen Athletikzeitung' zufolge hat Herr Eugen Kißling, am Sonntag, den 12.

Dezember 1909, in Stuttgart 180 Pfund einarmig frei umgesetzt und gestoßen." Hiermit hat Kißling einen Weltrekord aufgestellt. (Zum Vergleich: Bei den Olympischen Spielen 1896 hatte der englische Athlet Launceston Elliott in der Disziplin „Gewichtheben einarmig" mit 142 Pfund die Goldmedaille errungen!)

Tag und Nacht auf dem Rad

Auch Anfang des 20. Jahrhunderts radelten die Pioniere schon weite Strecken. Anfangs nur die Männer, doch schon bald erkämpften sich auch die Frauen ihren Platz unter den Radfahrern. Doch zuerst mussten die Ludwigsburger das Radfahren lernen.

In Ludwigsburg gab es Ende des 19. Jahrhunderts laut der Zeitung zwei Radfahrervereine, den im Mai 1888 gegründeten „Radfahrer-Verein Ludwigsburg", dem 1892 der „Radfahrer-Club Ludwigsburg" folgte. Erst Anfang des 20. Jahrhunderts, als das Fahrrad sich zum Massenartikel entwickelte, bildete sich 1906 ein „Arbeiter-Radfahrerverein". Um ein erfolgreiches Mitglied im „Radfahrer-Verein Ludwigsburg" zu werden, gab es im Saal des Vereinslokals Ockert „zum Englischen Garten", Asperger Straße 49, die Gelegenheit zum Lernen des Radfahrens. Schon bald konnten begabte Mitglieder nicht nur das Erlernte vorstellen, sondern sogar Produktionen im Kunst-Radfahren zeigen.

Im Mai 1889 begrüßte der Verein den 8. Gauverband (Württemberg) des Deutschen Radfahrer-Bundes in der Stadt. Nach einem Korsofahren durch die Straßen waren die Gäste zu einem gemeinschaftlichen Mittagessen im Gasthaus „Kanne", Körnerstraße 4, geladen.

Äußerst erfolgreich schlugen sich zwei Ludwigsburger Radfahrer bei einem Fahrradrennen in Esslingen, zu dem fast alle württembergischen Vereine erschienen waren. Der für das „Rennen auf ‚Sicherheitsmaschinen' startende Ludwigsburger Ernst Wolff fuhr unter großem Jubel als Erster durchs Ziel, seine Gegner blieben um mehr als 50 Meter zurück.

Beim „Rennen auf hohen Rädern" konnten die Ludwigsburger ihr Mitglied Heinrich Eichmann als Ersten begrüßen, der mit etwa drei Meter Vorsprung das Ziel erreichte. „Zwei Rennen, zwei erste Preise an einem Tag, das ist ein Erfolg, wie er selten erzielt wird und wir rufen gerne dem jungen hiesigen Verein zu seinen ehrenvollen Siegen und seiner weiteren Entwicklung ein kräftiges ‚All-Heil' zu", jubelte die Zeitung am 20. August 1889.

Am Sonntag, 11. Mai 1890, veranstaltete der Radfahrerverein eine größere Touren-Wettfahrt, an der sich auch die Vereine von Stuttgart, Cannstatt, Böblingen, Backnang, Schwäbisch Hall, Gmünd und Pforzheim beteiligten. Der Rundkurs führte vom Stuttgarter Tor nach Zuffenhausen, Cannstatt, Waiblingen, Winnenden, Backnang und hierher zurück. Am Start meldeten sich 20 Radler und als Erster traf Herr Beyer vom Ludwigsburger Verein ein, der die 62 Kilometer lange Strecke in drei Stunden 15 Minuten zurückgelegt hatte. Bei diesem Radrennen war es zu kleinen Unannehmlichkeiten gekommen, worüber die Zeitung berichtete: „Als die Radler Kornwestheim gegen 8 Uhr passierten, kam einem derselben an der Kreuzstraße unterhalb des Gasthauses zum Löwen eine Schar Gänse in den Weg und eines der Tiere brachte einen Flügel unter das Rad. Infolge dieser Sperre kippte das Rad um und der Fahrer stürzte zu Boden. Glücklicherweise verletzte er sich nicht und auch die Gans kam ohne weiteren Schaden davon, jedoch war das Rad beschädigt, so dass der Sportsmann nicht mehr aufsitzen und weiterfahren konnte, sondern zu Fuß nach Ludwigsburg zurückkehren musste. An der gleichen Stelle hatte ein anderer Radfahrer das Unglück, von einem Hund verfolgt zu werden. Während er sich wehrte, ging sein Rad einer Henne mitten über den Leib, wodurch ihr ein Ei herausgepresst und der Körper derart gequetscht wurde, dass sie nach kurzer Zeit verendete."

Selbst vor ausgedehnten nächtlichen Touren schreckten die kühnen Radfahrer nicht zurück. Am 9. Juli 1892 fuhr der Ludwigsburger Radfahrer K. Hische um 1 Uhr nachts über Plochingen, Göppingen, Geislingen nach Ulm; von dort nach sechsstündigem Aufenthalt über Blaubeuren, Feldstetten, Urach zum Liederfest nach Reutlingen. Nach vierstündiger Ruhepause machte er sich nachts um 24 Uhr auf die Rückfahrt nach Ludwigsburg über Metzingen, Kirchheim/Teck, Plochingen und Cannstatt. Der wackere Radler legte diese große Strecke in nur 14 Stunden Fahrzeit zurück.

Der „Radfahrerclub", 1892 gegründet, und mit einem kleineren Mitgliederaufgebot, schreckte ebenfalls vor großen Herausforderungen nicht zurück. Über ein Preistourenfahren am 10. September 1893 nach Wildbad und zurück wird berichtet: „Früh halb 5 Uhr fuhren drei Mitglieder des Clubs, welche die Kontrolle zu übernehmen hatten, nach Wildbad ab. Am Rennen, das um 7 Uhr begann, beteiligten sich sieben Mitglieder, wovon vier in Wildbad ankamen. Nach einstündiger Rast und Mahlzeit im Bahnhotel wurde die Rückfahrt aufgenommen. Der Erste (Egglosheimer-Tor), Herr Fischer, legte die schöne Strecke von 150 Kilometern in achteinhalb Stunden zurück, die anderen drei kamen in kurzer Reihenfolge an."

Aufsehen erregten sie bei einem Radfahrerfest in Stuttgart am 14. Mai 1896. „Sämtliche 35 Ludwigsburger Räder waren mit lebenden Blumen festlich dekoriert. Dieses schneidige Auftreten, welches den Verein zu diesem Ansehen brachte, verdankt derselbe der bewährten Leitung seines Gründers, des langjährigen 2. Vorstandes Herrn Falkenwirt J. Pfänder und seinem 1. Vorstand Herrn Eichert." War das Radfahren vorerst nur den Männern vorbehalten, kamen auch die Damen immer mehr auf den Geschmack. Sie wollten nicht nur Ehre einlegen mit der Anfertigung der prächtigen Radfahrer-Standarte, die auf der einen Seite das Ludwigsburger Stadtwappen zeigte, während auf der anderen Seite, nicht minder gelungen, das Vereinszeichen der Radfahrer prangte, die im Mai 1890 dem Radfahrerverein überreicht wurde, sondern sie forderten immer dringlicher, Rad fahren zu dürfen. Im Juli 1893 wird von einem Radausflug des Radfahrervereins nach Bietigheim berichtet, wobei sich in Begleitung der aktiven Mitglieder „eine jugendliche Anhängerin des Sports per Stahlross" befand. Trotzdem, es gab weiter unzählige Diskussionen, die aber letztlich zugunsten der Frauen ausfielen. Doch man blieb bei der Behauptung, „die Beteiligung von Damen an Wettfahrten sei schädlich".

Das sah eine Radfahrerin anders: „Bei dem am 16. Oktober 1898 in Dresden stattgefundenen Radfahrerfest errang Emilie Christ aus Tübingen (eine geborene Ludwigsburgerin) einen Ehrenpreis, bestehend aus einem dem König von Sachsen gewidmeten Kunstalbum. Sie legte die ganze Strecke Tübingen–Dresden (550,5 Kilometer) hin und zurück auf dem Rad zurück, für eine Dame gewiss eine hoch anerkennungswerte Leistung."

Eliten der schwäbischen Sportwelt

Ein Hauch von Olympia wehte zum 200. Geburtstag der Stadt Ludwigsburg durch die Barockstadt. Das Sportfest von 1909 erregte allergrößte Aufmerksamkeit.

Im Juli 1909 feierte Ludwigsburg das 200-Jahr-Jubiläum der Stadtgründung. In der damaligen Festschrift ist zu lesen: „Am 17. August 1709 erließ Herzog Eberhard Ludwig von Württemberg ein Generalreskript, das man als die Grundsteinlegung unserer Stadt nennen kann."

Anlässlich dieses Jubiläums beschloss der „Fußballclub Württemberg" am 15. August 1909, zum Abschluss der Feierlichkeiten „Olympische Spiele" zu veranstalten mit der Idee: „Kein Fest eignet sich zum Abschluss der Stadtfeier besser als diese Olympischen Spiele, bei denen die Elite der schwäbischen Sportwelt zusammenkommt, um sich in friedlichen Wettkämpfen zu messen." Das Festkomitee stellte ein Programm mit 18 Disziplinen zusammen, als Austragungsort wurde die „Planie", heute der Nordgarten im Schlosspark, bestimmt. Zahlreiche Anerkennungsschreiben gingen dem Veranstalter aus allen Kreisen zu. Besondere Freude bereitete eine prachtvolle Ehrengabe, die Seine Majestät der König stiftete. Auch die Bierbrauerei Körner stellte einen Ehrenpreis in Aussicht.

Zu dem Ereignis waren – neben den Ludwigsburger Vereinen – 73 württembergische Sportvereine eingeladen, mit der Bilanz: „Bei noch keinem württembergischen Bezirksfest war die Konkurrenz der schwäbischen Vereine so stark wie bei der ‚Ludwigsburger Olympiade'."

Am 17. August 1909 berichtete die Zeitung ausführlich über dieses Ereignis: „Die als Abschluss der 200-Jahr-Feier der Stadt ausgeführten Olympischen Spiele, die der hiesige ‚Fußballclub Württemberg' veranstaltete, nahmen am Sonntag ihren programmmäßigen Verlauf.

Der Besuch der Veranstaltung, die dem Sportsfreund Interessantes genug bot, war recht gut, doch befand sich das ‚Zaunpublikum' in der Überzahl. Auf dem ‚Kampfplatz' der Planie war als Laufbahn eine etwa 200 m lange Grasbahn mit 2 Kurven hergerichtet. Die Wettkämpfe fanden nach den Bestimmungen und unter Aufsicht der ‚Deutschen Sportbehörde für Athletik' statt. Der Vormittag war den Vorkämpfen gewidmet; voraus die

Austragung des 5000-m-Staffellaufes, wobei die Mannschaft des ‚Athletenbundes Stuttgart‘ den Sieg errang."

Das lebhafteste Interesse wandte sich dem 400-m-Staffellauf (4 Mann zu 100 m) und den vom König gestifteten Ehrenwanderpreis, einem goldenen Pokal, zu. Acht Vereine beteiligten sich an dieser Konkurrenz, aus der die A-Mannschaft des Fußballclubs „Stuttgarter Kickers" als Sieger hervorging.

Insgesamt beteiligten sich 28 Vereine an 18 Disziplinen. Im Einzelnen nahmen die Wettkämpfe folgenden Verlauf:

1) 50-m-Juniorenlauf (1. Preis: Stuttgarter „Kickers")
2) Schleuderballwerfen (1. Preis: 49,10 m: „Athleten-Sportverein" Cannstatt).
3) 100-m-Juniorenlauf (1. Preis: „Athleten-Sportverein" Cannstatt).
4) 100-m-Seniorenlauf (1. Preis: „Fußballverein Stuttgart 1893").
5) Hochsprung ohne Brett (5. Preis: Fritz, Fußballclub „Kickers" Ludwigsburg).
6) 800-m-Lauf (1. Preis: Fußballclub „Victoria" Feuerbach).
7) Diskuswerfen (1. Preis: „Athletenbund" Stuttgart).
8) 400-m-Staffellauf (Wanderpreis des Königs) (1. Preis: 47 ½ Sekunden, „Stuttgarter Kickers").
9) Dreikampf: 50-m-Lauf, Weitsprung, Kugelstoßen (7 ¼ Kilo) (1. Preis: „Athleten Bund" Stuttgart).
10) 200-m-Lauf (1. Preis: „Stuttgarter Kickers").
11) 5000-m-Staffellauf (1. Preis: „Athleten Bund" Stuttgart).

12) Dreibeinlauf (100 m) (2. Preis Pröhmer und Zeh, 3. Preis Ehrle und Erbis, alle vom Fußballclub „Württemberg" Ludwigsburg).

Der Dreibeinlauf war eine traditionelle Sportart des späten 19. und frühen 20. Jahrhunderts. Zwei nebeneinanderstehenden Teilnehmern wird das je benachbarte Bein am Unterschenkel zusammengebunden, so dass sie zusammen ein „dreibeiniges Wesen" ergeben.

13) Weitsprung (1. Preis: „Athletenbund" Stuttgart).

14) 400-m-Lauf (1. Preis: „Fußballverein Stuttgart 1893")

15) Dreisprung (1. Preis: Stuttgarter Sportfreunde).

16) Kugelstoßen (7 ¼ kg) (1. Preis mit 9,48 m: „Athleten-Sportverein" Cannstatt)

17) 1500-m-Lauf (1. Preis: „Fußballverein Stuttgart 1893").

18) Tauziehen: (2. Preis Männer Athletenverein Ludwigsburg).

„Die ,olympische' Preisverteilung fand im Cluß'schen Saalbau (heute Scala) statt und war verknüpft mit einem Programm, das mit einem Tanz abschloss. Die Feier war gleichzeitig das Stiftungsfest des vor einem Jahr gegründeten Fußballclubs ,Württemberg'. Besondere Freude erregte das auf eine Meldung über die Vergebung des Ehrenpreises des Königs aus Friedrichshafen eingelaufene Telegramm, womit der König für die Huldigung seinen Dank aussprechen ließ." Auch wenn die Ludwigsburger Vereine weniger erfolgreich waren, die Ausrichtung brachte der Stadt weit über die Grenzen hinaus größte Anerkennung.

Munteres Plätschern und lustiges Lachen

Mit der Eröffnung des Schwimmbades im Jahr 1908 entwickelte sich in Ludwigsburg eine Schar schwimmender Sportler. Die Stadt entwickelte sich zu einer Hochburg der Schwimmkultur.

Angesichts der zu erwartenden Eröffnung des Stadtbades im Herbst 1908 wurde am 17. Dezember 1908 bei einer Versammlung von Freunden des Schwimmsports die Gründung eines Schwimmvereins in Ludwigsburg vereinbart. Der Verein erhielt den Namen Schwimmverein Ludwigsburg, seine Farbe ist Gelb-Schwarz (die Farben der Stadt) und sein Vereinszeichen besteht aus einem Anker auf Schild. Zu Ausschussmitgliedern wurden bestimmt: 1. Vorstand: Gemeinderat Huß, 2. Vorstand: Redakteur Beeg, Kassier: Kaufmann Otto Israel, Schriftführer: Badmeister Zahn, Beisitzer: Ökonomieverwalter Knorpp, Postsekretär Stierlen und Kaufmann Fahrion.

Innerhalb von zwei Monaten zählte der Verein bereits 160 ausübende und unterstützende Mitglieder und die Zahl der Jugendlichen war auf 80 angewachsen. Im April 1909 kam ein vom Schwimmverein und Gönnern des Stadtbades gestiftetes Hochsprungbrett

zur Aufstellung. Nach einjährigem Bestehen trat der Schwimmverein am Sonntag, den 17. Oktober 1909, mit einer größeren Veranstaltung vor die Öffentlichkeit, die Zeitung berichtete: „Das war am vergangenen Sonntagnachmittag ein fröhliches Treiben, ein munteres Plätschern und lustiges Lachen in der schönen Halle unseres Schwimmbades. Dicht besetzt von Zuschauern und Zuschauerinnen waren die Galerie und der Rand des Schwimmbassins, sodass der Schwimmverein zufrieden sein konnte mit dem Interesse, das ihm zu seinem 1. Stiftungsfest aus allen Kreisen unserer Einwohnerschaft entgegengebracht wurde. Gespannt verfolgten die Zuschauer die Vorführungen der Schwimmarten, Brust-, Seiten-, Rücken- und Handüberhandschwimmen, dem Springen vom Hochbrett, sowie die Wettbewerbe im Streckentauchen, dem Preisschwimmen, dem Tellertauchen und Stafettenschwimmen."

Am 13. Januar 1910 schloss sich der Schwimmverein dem deutschen Schwimmverband an. Wasserball-Wettspiele fanden in Ludwigsburg erstmals im Mai 1911 statt: „Das ist etwas ganz Neues für Ludwigsburg, und der Schwimmverein darf wohl mit einem vollen Haus am Sonntag rechnen." Und so war

es! Nachdem Cannstatter, Heilbronner, Esslinger und Stuttgarter Vereine gegeneinander gespielt hatten, spielten die „Ludwigsburger Farben". Ihnen gegenüber stand die 2. B-Mannschaft des Stuttgarter Vereins „Delphin". Diesem Spiel wurde begreiflicherweise großes Interesse entgegengebracht und „jubelnder Beifall ertönte, als der erste Schuss der Ludwigsburger durchs feindliche Tor ging. War dieses Spiel nicht ganz tadellos zu nennen, so war das Ergebnis recht erfreulich für Ludwigsburg, nämlich 5:1, ein Erfolg, den wohl keiner der Mitspieler erwartet hatte."

Eine neue Herausforderung ihrer Übungen startete der Schwimmverein am 16. Juli 1911 im Neckar: „Eine respektable Strecke war es, etwa 4500 Meter, die zu durchschwimmen war. Die letzten Tage hatten eine solch anhaltende Wärme gebracht, dass man es wohl wagen konnte, sich länger als üblich im Wasser aufzuhalten. Und es war wirklich mollig in unserem Neckar gegenüber dem kühlen Lüftchen, das die Schwimmer früh morgens um 8 Uhr am Start in Hoheneck umwehte. Die 16 Teilnehmer zauderten daher auch nicht lange, sich dem nassen Element anzuvertrauen, umso weniger, als zur Sicherheit zwei Nachen mit der nötigen Ausrüstung und zur Aufnahme der Kleider die Schwimmer begleiteten. Anfangs war das Schwimmen keine leichte Arbeit; infolge der Trockenheit war auch der Wasserstand ein ziemlich niedriger. Weiter unten ging's dann besser; unsere ‚Schnellhasen' holten zu einem Vorsprung aus, während die anderen in gemütlicherem Tempo folgten. Um 10 Uhr, nach eindreiviertel-stündiger Arbeit, waren alle Schwimmer beim Marbacher Wehr gelandet. Von den 16 Teilnehmern haben 9 die ganze Strecke einwandfrei durchgeschwommen. Es sind K. Braumiller, Fr. Dobler, Ad. Groß, L. Hoffmeister, W. Jäger, H. Roser, W. Schlosser und die beiden Schwimmwarte."

Im März 1912 wurde eine Damenriege aufgestellt, vom Gemeinderat bewilligt stand am Donnerstagabend den Damen die Schwimmhalle unter Leitung eines verheirateten (!) Schwimmwarts zur Verfügung. Mit „einsichtigen" Worten wurde geworben: „Selbstverständlich gilt auch für Frauen und Mädchen der gleiche Grundsatz wie für Männer und Knaben: ‚Die deutsche Jugend bedarf einer Erstarkung ihrer Gesundheit und eine Abhärtung.' Hierzu eben bedienen wir uns des Schwimmens. Ein gesundes Volk ist aber ohne gesunde Frauen und Mütter nicht denkbar, und es ist daher mit Freuden zu begrüßen, wenn pedantische Zimperlichkeit, die etwa an dem Wesen der Damenschwimmerei Anstoß nehmen könnte, immer mehr dem natürlichen Empfinden fremd wird."

Besondere Aufmerksamkeit widmete der Verein im Mai 1913 dem Rettungsschwimmen. „Wenn in Betracht gezogen wird, dass alljährlich im Deutschen Reich etwa 1000 Menschen durch Ertrinken zu Grunde gehen, wird man begreifen, welch hoher Wert diesen Übungen beizumessen ist."

Hier lernten die Schwimmer, wie sich bei Krämpfen oder Unwohlsein zu verhalten ist. Dann wurden verschiedene Arten zur Rettung theoretisch und praktisch durchgeführt und schließlich die verschiedenen Methoden der Wiederbelebungsversuche angewandt.

Neue Kraft durch Sport nach dem Krieg

In den Jahren vor dem Ersten Weltkrieg erlebte der Sport in Ludwigsburg eine Blütezeit. Während des Krieges 1914-1918 fanden jedoch keinerlei Veranstaltungen der Sportvereine statt. Und viele Sportler kehrten nicht mehr heim.

Das nebenstehende Gedicht wurde im Februar 1914 in der Zeitung veröffentlicht. Die Sportbegeisterung hatte ihren Höhepunkt erreicht, die sich in diesen Zeilen widerspiegelt. Außer den Sommersportdisziplinen kam der Wintersport mit Schneeschuhtouren ins Allgäu und Eislauf auf der städtischen Eisbahn „Planie" immer mehr in Mode. Im Sommer konnte Tennis gespielt werden im „Tennis-Lawn-Verein" sowie Hockey, und der schwäbische Albverein veranstaltete geführte Wanderungen. Ludwigsburg konnte sich rühmen, über ein breites Sportangebot zu verfügen.

Ein abruptes Ende sämtlicher Sporttätigkeiten bereitete der Beginn des Ersten Weltkrieges am 1. August 1914. Die in den Sportvereinen aktiven Männer, meist jüngere und somit wehrpflichtig, wurden eingezogen und in die kriegerischen Auseinandersetzungen entsendet. Nach Rückkehr der Soldaten wurden die Sportvereine mit der Tatsache konfrontiert, wie viele ihrer Kameraden den Tod gefunden oder schwer verletzt waren. Zum Teil belief sich die Zahl der gefallenen Mitglieder auf ein Viertel der seinerzeit Ausmarschierten. Insgesamt hat Ludwigsburg (Stadt) 589 Gefallene zu beklagen. Mit eindringlichen Worten wandte sich im Januar 1919 der Ludwigsburger Männerturnverein an die Jugend: „Furchtbar sind die Wunden, die der unglückselige Krieg dem deutschen Volk geschlagen hat, und schweres Unglück ist über unser Vaterland hereingebrochen."

Nicht nur der Turnverein, alle Ludwigsburger Sportvereine machten es sich verstärkt zur Aufgabe, „die durch den Weltkrieg stark entkräfteten Menschen durch rege Ausübung jeglicher Sportart neue Kräfte zuzuführen, den schlechten Gesundheitszustand, besonders den der unterernährten heranwachsenden Jugend, fördern zu helfen. Wenn auch die Hoffnung auf eine Besserung der Ernährungsverhältnisse zurzeit keinen Optimismus gestattet, dürfen wir doch keineswegs den Mut sinken lassen,

Neulich las ich in der Zeitung
Von der mächtigen Verbreitung,
Die des Sportes Pflege fand
Schon im deutschen Vaterland.
An der Spitze voller Kraft
Steht die deutsche Turnerschaft:
Rund fünfviertel Millionen
Männ- und weiblicher Personen
Widmen frisch-fromm-fröhlich-frei
Sich der edlen Turnerei!
Hundertsiebzigtausend Mann
Gibt noch die Statistik an,
Die in Deutschland als Athleten
In Vereinen ringen, kneten,
Und noch wächst mit jedem Jahr
Diese Herkulesschar.
Ueber hunderttausend spielen
Fußball zu erhab'nen Zielen!
Fünfzigtausend Burschen, Mädeln,
Treiben sportgemäß das Radeln.
(Mehr, viel mehr noch strampeln Beine
Außerhalb der Sportvereine.)
Sechzigtausend Lenchen, Jennys
Und so weiter spielen Tennis.

Fünfzigtausend schwimmen keck
Zu des Sportes höh'rem Zweck;
Fünfundzwanzigtausend rund
Rudern stramm, was auch gesund!
Etwa vierzigtausend skien
In den Winterszenerien!
Zwanzigtausend, laut Rapport,
Huldigen dem Schlittschuhsport. —
Zwei Millionen sinds im ganzen
Ohne jene, welche tanzen,
Welche fechten oder kegeln
Im Verein nach strengen Regeln,
Zwei Millionen Teutsche, die
Mit Passion und Energie
Zu des Sportes Fahne schwören,
Sportsvereinen angehören.

um durch rege Betätigung unser Volk einer besseren Zukunft entgegen zu führen."

Am 7. Januar 1919 hielt der „Schneeschuhverein" (gegründet am 5. Dezember 1911) im Ratskeller seine – durch die inzwischen heimgekehrten Krieger verstärkte – Mitgliederversammlung ab. Nach herzlicher Begrüßung der aus dem Feld Heimgekehrten gedachte der Vorstand in wehmütiger Erinnerung der in so großer Anzahl gefallenen Mitglieder, die sich immerhin auf ein Viertel der seinerzeit Ausmarschierten beläuft und die auch im Verein so schwer vermisst werden. Der Vorstand wünschte den Heimgekehrten, dass ihnen die verdiente Muße und Erholung im so lange entbehrten Wintersport zuteilwerden möge.

Am 25. Januar 1919 richtet der 1. Fußballverein „Kickers" folgende Bitte an die Gemeinderäte: „Die Sorgen, die die im Kriege erfolgten Einziehungen zum Heer in den letzten Jahren unserem Verein bereitet haben, werden nach Rückkehr unserer Feldgrauen nun bald behoben sein. Mit Energie und mit sportlichem Wollen ging man am letzten Sonntag auf der städtischen Planie an die Wiederaufnahme des völlig darniederliegenden Spielbetriebs. Ein anderthalbstündiges Übungsspiel zeugte trotz fünfjähriger Pause von früherem Können, haben es doch beispielsweise unsere feldgrauen Kameraden durch ein vierjähriges unvergessliches Heldentum zu Genüge bewiesen, welche Kraft und Ausdauer durch frühzeitigen Sport und Körperpflege erreicht werden kann, und so drückend und schwer auch die kommende Zeit sein mag, stärker als sie muss sich der ‚deutsche Sportsmann' erweisen."

Der Schwimmverein Ludwigsburg, dessen Bestehen in das Jahr 1908 zurückgreift, richtete im Mai 1919 folgenden Appell nicht nur an die Ludwigsburger Herren, sondern auch an die Damen: „Das Schwimmen und Baden, das der Verein wieder in jeder Hinsicht fördert, kann während der kalten Jahreszeit in ausgiebigem Maß in dem mit allem Erforderlichen der Neuzeit und Hygiene ausgestatteten städtischen Schwimmbad ausgeübt werden. Außerdem sorgt der Schwimmverein dafür, dass jedem Freund und Freundin des Schwimmsports Gelegenheit geboten ist, sich in den Fluten des Neckars nach Herzenslust zu tummeln. Die frühere Militär-Schwimmanstalt in Neckarweihingen wurde zum Neckarbad umgewandelt. Nicht allein das männliche, sondern in noch höherem Maße das weibliche Geschlecht kann aus dem Schwimmsport großen Nutzen für die Gesundheit ziehen. Unsere Frauen und Jungfrauen erhalten im Schwimmbad die erlösende Befreiung von nervöser Schwäche und es ist das Wasser für sie ein Jugendborn wahrer Schönheit."

Beim Schwimmfest des Schwimmvereins am Sonntag, 24. August 1919 ist unter anderem Folgendes in der Zeitung zu lesen: „Ganz besonders sind hier die Schwimmleistungen der Damen Anneliese und Emma Brosi, Paula Kauffmann und Klara Ade hervorzuheben. Bei dieser Gelegenheit zeigte sich infolge Zusammenlegens der Damen-Senioren- und Jugendstrecke über 500 Meter, dass Fräulein Anneliese Brosi den bekannten deutschen Meisterschaftsschwimmerinnen Veith, Wagner und Wilms überlegen ist."

Bereits der erste Band von liebevoll & kernig enthält 35 ausgewählte
Ludwigsburger Stadtgeschichten von Christa Lieb mit
reizvollen Illustrationen von Wolfgang Kern. 156 Seiten, € 19,90.

Die erfolgreichen regionalen Wanderführer von Werner Sippel mit jeweils 32 Rundwanderungen.
In Wege, Band 1, führen diese in den Kreis Ludwigsburg,
in den Stromberg/Heuchelberg, Enzkreis und Rems-Murr-Kreis.
In Wege.2 überwiegend ins Heilbronner Land, den Kraichgau,
nach Hohenlohe und in den Mainhardter Wald.

VOLKER GANTNER

LUDWIGSBURGER WELT
DER 50ER UND 60ER JAHRE

Spurensuche – Kindheit und Jugend
in der schwäbischen Residenz

Geschichten und Bilder aus Ludwigsburg, süffisant und kenntnisreich geschrieben, ein Buch zur Unterhaltung, zum Staunen und Schmunzeln. Von Volker Gantner. 144 Seiten mit zahlreichen Abbildungen. € 16,90.

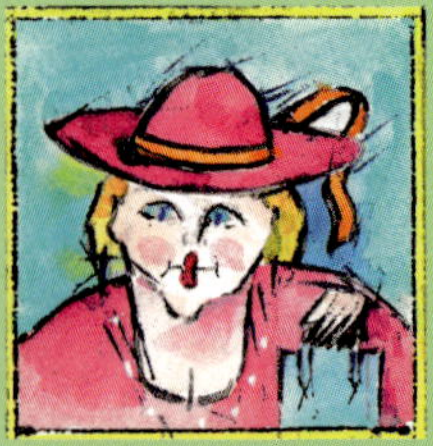

Stadt